夢と感動

子どもたちに

渥美多嘉子

Atsumi Takako

渥美さんの出版に寄せて

熊本日日新聞社代表取締役社長　河　村　邦比児

四十年にわたり熊日童話会に携わり、けん引してこられた渥美さん。その原動力は何かと思っていました。確かに子どもたちが「お話が面白ければみじろぎしないで聞く。目を輝かせ、想像力をかきたてられ童話の世界に引き込まれる」。それも一因でしょう。あるいは「子どもたちだけのものではない。子どもたちからパワーと生きがいをもらい元気にしてくれる」。これもまた一因かもしれません。

しかし、この著作を拝読し、渥美さんにはその生い立ちからして、童話とともに歩む人生が与えられていた気がしてなりません。

生地は史跡と豊かな自然に恵まれた現在の山鹿市菊鹿町。三男四女の三女として生を得た渥美さんは「倹約したつましい暮らし、貧しくも楽しいわが家で心豊かな育ち」をしたと振り返ります。そこにこそ原点があると思えてなりません。

戦時中の食糧不足、空襲、戦後の物資不足の日々も、渥美さんは目を輝かせ、伸び伸びと育ってきたのでしょう。文中の弟さんのエピソードなどもその理解を助けてくれます。

国立熊本病院付属高等看護学校時代。思春期の楽しさの一方で厳しい業務であったことがうかがえます。しかし、苦しさを書き連ねるのでなく門限を破っての映画、ダンスホールの思い出などユーモアを交えて過去を振り返る筆致は、のちに創作童話も手掛ける力が蓄えられつつあったことを物語ります。

二十二歳での結婚、その六年後には熊本簡易保険診療所への再就職。ここでもまた貴重な体験が加わります。沖縄本土復帰直後の第一回沖縄巡回診療班の一員として、自らの戦時体験とは違った悲惨な戦争を深く記憶にとどめます。鹿児島・知覧の特攻の母と隊員に慕われた鳥浜トメさんとの出会いも、渥美さんを童話の道に誘う「戦争、平和への思い」が骨格を為していきます。

一方で思い出の端々には、診療のため家に残してきた子どもや家族への熱い情愛が語られます。

昭和二十八年六月、大水害が熊本を襲います。不安を抱える子どもたちに「心の安らぎ」を与えようと発足したのが熊日童話会です。その三十周年の時に入会したのが渥美さん。「四十六歳」でした。

確かに私生活では夫の急死、娘を失くした悲しみがありましたが、その都度、渥美さんを童話の道に駆り立てます。子どもたちに興味を持ってもらうためマジック教室に通い、ハーモニカの稽古も始めます。単なるボランティア精神と済ませる気にはなれません。

「お話の世界から協調性や思いやりの心、言葉を大切にする想像力豊かな子が増えることを願っています」。渥美さんはそれを大人の責務だととらえています。

著作に加えられた渥美さんの創作童話を手にすると、子どもたちへの慈しみの心にあふれた語り掛けが、大きな世界となって覆ってきます。それは何より、渥美さんがご自身の人生から汲み取った生き方そのものだと気付きます。

渥美さんへのひと言

元 児童文学者協会理事長　丘　修三

渥美さんはお年のわりに、とても元気である。一緒に歩くと、年下の私が追いかけるような塩梅だ。

気性も鷹揚で、細かいことにこだわらない。何事にも「よか、よか」と受け止める度量がある。

渥美さんはまた、興味関心の領域が広く、直感で鋭く反応する。感覚が若いのだ。七十年もの歴史をもつ「熊日童話会」に参加して四十年。今もその中心的役割を果たしてらっしゃるのは、こうした心身の健康と若々しい感覚、それに基づく行動力と的確な判断力があるからだろう。

その行動力で培った人脈も、また広い。童話会を維持し、広めていくには、その人脈を生かしてこられたに違いない。

それでも昨今、渥美さんを悩ませているのは、会員の高齢化である。若い会員がなかなか増えないことだと言う。だが、それは童話会に限らず、平和運動しかり、ボランティア活動しかり、同好会しかりである。といって若い層がまったく関心がないという訳ではなさそうだ。機会があってそういう会に顔を出し、その意義や面白さに触れて、参加してくる若者は結構多い。要は彼らの目に触れる機会をたくさん用意することだと思う。

口演童話や読み聞かせの実演を、地域の学校や施設で定期的に実施したり、地域の文化祭や行事の中で展開するのもよいだろう。

そうすることで、多くの若い層の目にふれる機会を持つことが、地道だが大事なことだと思う。それは「読み聞かせ（語り）」の全国組織である「この本大すきの会」の歴史を見てもいえることである。

渥美さんは、創作の面でも旺盛である。

興味の範囲が広いので、その作品のテーマは多岐にわたる。身辺で起きたこと、水害や地震などの実体験、時事問題など、創作のネタを直感的につかむ力は、驚くほどである。

自分が見たこと、聞いたこと、経験したことで、驚いたこと、心惹かれたことなど、子ども達に話して聞かせたいことを、思いのままに書いてみる。上手い下手は度外視して、それを楽しむ。それでいいと思っている。

渥美さん、まだまだですよ。まだまだ、熊日童話会は渥美さんを頼りにしていますよ。

わたしを語る

感性を育む活動70年

♪これからおはなしはじめます／大きなお山があったとさ／火をふくお山があったとさ／むかしのお城があったとさ…

熊日童話会のお話し会や会合は、参加する子どもたちと一緒に、いつもこの「熊日童話会の歌」を唱和して始めます。

会員が子どもたちの前に立って自己紹介の後、歌い出すのです。歌が済むと、子どもたちは「さあ、どんなお話が始まるのかな」と、待ち切れないような表情です。「むかーし　むかーし　ある所におじいさんとおばあさんがすんでいました」子どもたちは、お話が面白ければ、身じろぎもしないで、しっかり聞いてくれます。目を輝かせ、想像力をかきたてられ、童話の世界に引き込まれていくのです。

熊日童話会は、未来を担う子どもたちに夢と感動を与えようと、約70年にわたり子どもの感性を育む活動を続けています。

主な活動としては、「口演童話」があります。口演は「読み聞かせ」とは異なり、会員が物語の粗筋を頭に入れて、かみ砕き、自分の言葉にして表現力豊かに披露します。オリジナルの童話を作る方法について学ぶ「創作教室」も開いています。

現在は熊本本部と球磨、天草の2支部があり、特に幼稚園・保育園や小学校などの要請で会員が出向く「派遣童話」に力を入れています。ここ3年ほどは新型コロナウイルスの流行で思うように活動できませんが、流行前の2019年度は、県内約280カ所を訪れ、約1万7千人の親子に楽しんでもらいました。

現在の会員数は約60人で、主力は70歳代です。長い歴史を踏まえ、現会員もますます努力し、子どもたちに集中力や想像力を培い、言葉を大切に思い、童話や読書などに興味を持てるよう、永遠の継続を

約40年にわたり活動を続ける筆者

せねばと思っています。

お話は子どもたちだけのものではなく、私たちも子どもたちからパワーと生きがいをもらい、元気にしてくれます。

私は1983（昭和58）年、熊日に載った童話会のお話し会の告知を読み、参加したところ、ぐいぐい引きつけられて、その場で入会しました。

それから40年。このたび連載の機会をいただき、恐縮するばかりですが、記憶をたどりながら私の半生を振り返って参りたいと思います。

白川大水害を機に誕生

熊日童話会は２０２３（令和５）年夏、満71歳の誕生日を迎えました。生い立ちについてお話ししておきましょう。

１９４５（昭和20）年８月、終戦を迎え、混乱の中、耐乏の生活が続きました。少しずつ落ち着きを見せ始めたころ、熊本を襲ったのが白川大水害です。53年６月26日でした。

堤防が決壊し、家は流され、白川流域の死者・不明者は４２２人に及びました。泥土やおびただしい瓦礫《がれき》、家財などの片付けで、親たちは子どもを見る余裕などありませんでした。

不安を抱える子どもたちに「心の安らぎを」との願いを込めて発足したのが熊日童話会です。８月４日に発会式、23日に実演会があったそうです。前身は大正末期に県立図書館に発足した「図書館童話会」、１９３０（昭和５）年に規模を広げた「熊本

創立当初から活躍していた熊日童話会のメンバーら＝1967年

童話会」です。熊日が48～50年に発行した週刊の「熊日こども新聞」が母体になったとも聞いています。

発起人は、熊日編集局長の島田四郎氏、論説委員の牧田正臣氏、熊本童話会の安達寿男氏ら9人でした。子どもたちに何とか良い児童文学をと、県内の教師や童話愛好者は戦前から熱望していて、ようやく永年の夢が実現したのでした。

大水害直後、学校の体育館や河原などで、行き場のない子どもたちを集めて、お話し会が始まりました。

56年に組織と役員を決定し、初代会長は牧田氏、後は歴代の熊日社長さんが会長を務めました。天草、八代、球磨支部を皮切りに、芦北、荒尾、砥用、鹿本、宇土、本渡、牛深、水俣、阿蘇、甲佐、松橋、高森と、62年までに各地に支部が相次いで結成されました。昭和50年代には山鹿、大矢野、南関にも誕生しました。

63年当時の会員数は250人ほどで、各支部の活動も盛んになり、本格的に発展していきました。毎日どこかで熊日童話会が開かれているという話もあったそうです。72年には熊日が進めた「みんなの読書文化運動」の移動キャラバン隊に参加して、県内7カ所にお話に出かけ、大盛況だったといいます。

地域に密着した長年の活動が評価されて、58年には厚生大臣賞、78年には久留島武彦文化特別賞、2002(平成14)年には文部科学大臣賞、07年には第5回公徳賞をいただいております。

熊日のバックアップ、先輩諸氏のたゆまぬ努力と子どもたちを愛する心、童話に対する熱情は、今なお脈々と受け継がれています。

貧しくも楽しいわが家

私は1937(昭和12)年1月13日、父蔵原頼信、母早子の元に、三男四女・7人きょうだいの三女として旧城北村(現在の山鹿市菊鹿町)に生まれました。

裏は山、前には田んぼが広がり、はるか遠方には、二の岳、三の岳を望むことができます。近くには相良の観音さん、鞠智城などがあり、史跡もたくさんあります。

山鹿・鹿本地方では養蚕が盛んだった
＝1968年、山鹿市

自宅の横を流れる館川は清流で、アブラメが泳ぎ、沢ガニ、カワニナなどが生息する自然豊かな所です。

父母は、米、麦を作るほか、養蚕をしていて、春蚕と秋蚕を飼っていました。たばこも栽培し、生計を立てていました。

祖母のユクおばあさんは連れ合いを早く亡くして、父と３人の子どもを育てるのに、とても苦労をしたと聞いています。

苦労人の父は、小言一つ言わず、夫婦げんかをしたこともなく、私たち子どもを、一度も叱ったことのない優しい父でした。そして、何より正直者で、その上、きちょうめんでした。多忙な日々の中で、日記は、きれいな字で一日も欠かさず書いていました。

父の涙を見たのは、初の村議会議員の選挙で僅差で落選した時と、祖母が亡くなった時だけでした。しかし、民生委員になってからは、わが家だけでも大変だったのに、よく困った人の面倒を見ていました。

そんな父を陰ながら見守り、支えていたのが母でした。母も父と同じように正直で優しいばかりでした。

長兄だけが、おとなしすぎて、いじめられっ子でした。ため池に帽子を投げ捨てられたり、かばんにいたずらされたりすることが多く、泣いて帰って来た時、母が「池まで行って帽子を取って来なさい」と叱ったことがあったそうです。夫唱婦随の両親の元に、みんな元気にすくすく育つことができました。

毎日、多忙な両親に代わって、私たち孫の世話をしてくれたのがユクおばあさんでした。春になると一緒に山椒《さんしょ》の新芽を摘みに行くのが楽しみの一つでした。つんとくる強い香りが好きで、祖母の後について行きながら、山菜採りやキノコ狩りなど自然の中で、のびのび育ちました。

家事を助けるために、夜なべに渋柿むき、日曜は、農作業の手伝いや蚕の桑摘み、ウサギの餌取り、ポンプからの水くみ、風呂沸かしなど、みんなで協力して結構頑張っていました。

自然に生かされ、倹約した、つましい暮らし。貧しくも楽しいわが家でした。

腹を満たすものは何でも

幼少時は、戦争の最中で、いつもおなかをすかしていて、食べられるものは何でも食べて育ちました。

家にあるミカンや栗、ビワなどは季節季節に食べられましたが、お米は供出し、ほとんど麦ご飯でした。

数年前、九つ下の弟が「姉さん、昔は馬の食《は》みの唐芋を失敬して食べていたね」。「そうよね。でも甘みがなくて、大根食べているみたいだったねえ」と思い出し笑いをしたものでした。

当時は、家畜用に生産性の高い農林何号とかいう大きな芋が馬の餌でした。とにかく腹を満たすものであれば、何でも口にしていたことを覚えています。

夕食は、ほとんど団子汁。玄関の前の梨の木の下に、月明かりで、ほとんど平べったく延ばした麺と野菜ばかりの汁でした。

ある時、おばあさんが「この団子麺えらく硬いね」と引っ張ったのが青蛙《あおがえる》でした。きっと梨の木から鍋の中にダイビングしたのでしょう。暗い中では何が入っているか分からないものですね。妙にそんな光景だけは忘れません。

おばあさんは、実家の内野への里帰りが恒例で、月1回くらい行ったでしょうか。私たちきょうだいもよく連れて行ってくれました。広くて暗い部屋で、最初はなかなか寝つけませんでしたが、大きな柱時計の音を聞きながら眠りについたものでした。

おばあさんは、私たちを育てる合間にウサギを飼っては、成長したら業者に売り、日銭を稼いでいました。後では値段の張るアンゴラウサギ、干し柿作り。販売は祖母の役目、売れたときはなにがしかのお小遣いをくれていました。ノートや、たまに売りに来るキャンディーを買って食べるのが楽しみでした。

山鹿市菊鹿町の内田川の一角にある池で泳ぐ子どもたち

幼少時は川で、小学校高学年になると、夏休みは貯水池に泳ぎに行くのが唯一の遊びでした。昼食もそこそこに、かなり離れた池に行き、泳ぐのですが、水面と水底の温度差が半端ではありません。泳ぎの上手な年下の子と木の上から飛び込んでは、冷やあっとした覚えがあります。それでも誰一人溺れたり、心臓まひを起こしたりした子はいませんでした。

帰りは、すぐ下の井手で、シジミを取って帰り、夕ご飯のみそ汁にしていました。

自然児の私は、そのころ将来の夢なんて考えたこともありませんでした。つらいこともたくさんありましたが、それも人生ですね。

大声で泣いた玉音放送

1941（昭和16）年12月8日から始まった太平洋戦争によって日本は大きく様変わりしました。

食料は足らなくなるし、お米も燃料も、砂糖、塩さえ統制になりました。

頭上をB29が飛び交うようになり、何時も防空頭巾を手元に置き、水筒を持って、警戒警報のサイレンがなれば、防空壕《ごう》に逃げ込み、敵機が去るのを待ったものでした。

防空壕の中は湿気が多く、天井には、ゲジゲジが這《は》い回り、ムカデもたくさんいて最悪でした。

米は日本を守る兵隊さんのために供出せねばならないし、使う農機具以外、仏壇の金目のものさえ、全て徴収されました。

食べ物と言えば、麦や唐芋、芋の茎、葉っぱ、そして唯一のタンパク源としてイナゴを炒《い》ってすりつぶし、ふりかけを作ったり、タニシの佃煮なども食べたりしました。耐乏の日々の中で、男の人は、長男を除いて赤紙が来て出征。残された母親たちは、竹やりでわら人形に向かって掛け声勇ましく練習に励んでいました。「欲しがりません。勝つまでは」の合言葉で、日本人総動員の態勢で、戦争に協力されていました。

終戦を報じる熊日紙面（1945年8月16日付）

戦争は悲惨です。45年３月の東京大空襲では死者10万５４００人、７月と８月の熊本大空襲でも熊本市街地などが焼け野が原になり、６１７人が犠牲になったと聞きます。当時８歳だった私は、熊本市が燃えていると聞いて南の空が真っ赤だった記憶があります。

昭和20年８月６日、広島に原爆が投下され、14万人の死者、８月９日には長崎にも原爆が落とされ、７万４千人の死者が出たといわれています。

８月15日のお昼前、大切な話があるということで自宅裏の隠居家に集まりました。ラジオから流れる天皇陛下の玉音放送を直立不動で聞いたのですが、雑音がひどく何を言われているのか分からない中に、「戦争が終わった。日本は負けた」と知り、子どもながら大人と一緒に大声で泣いたことを覚えています。

戦争は終わったものの、相変わらず物資は不足し、食料も満足になくて、みんなガリガリに痩せていました。よくぞ病気もしないで生き残れたと思います。

その後しばらくは、正月用に、母が来民（現山鹿市鹿本町）まで買い物に行き、新品の下駄と肌着を買ってきてくれました。

母は、夜に子どもたちの洋服や足袋の破れを修理するのが日課でした。

DDT散布にかゆさ解放

敵機も空を飛ばなくなって、みんなに笑顔が戻って来ました。

その頃、ほとんどの子どもには、頭にケジラミがいて、みんな授業中でもボリボリかいていました。すると机の上には、ケジラミがぽとぽと落ちてきて、それを潰すのに大変でした。

そんな時、シラミ駆除のＤＤＴを散布してくれたのです。塩素系の殺虫剤です。校庭に椅子を並べて、噴霧器で白い粉を頭いっぱいにかけてくれました。

1回では卵まででは、死なないので、1週間くらいおいて2度目の散布がありました。おかげで、あのかゆさから解放されて、みんな頭をくっつけても、うつる心配はなくなりました。

また、復員の方が、お宮さんに寝泊まりされることがあって、そこに遊びに行って、コロモシラミをもらってくることもありました。洋服の縫い目にそって白いシラミが列をつくってはっています。それは、大きな鍋でお湯を沸かして熱湯煮沸すれば簡単に死にました。

戦後と言えば、田舎回りの芸人さんたちが来て、踊ったり歌ったり、人情ものの芝居やらで、何の娯楽もない田舎では、楽しみの一つになりました。

また、青年団の人々は暇をみて、芝居の稽古をして自分の得意なものを披露され、素人ながら感動したものでした。

兄は無芸でしたが、太鼓や芝居のバックの幕に、その時々の芝居に合わせた絵を描いていました。それがまた上手で、みんなから称賛されていました。

それに兄は何でも器用で、机も手作りで表面にニスを塗って、すべすべの光沢で、

馬車を使っての麦の収穫作業＝1958年、熊本市郊外

きょうだいのほとんどが使わせてもらっていました。

ちょうど麦の収穫の季節でした。

私と二つ下の弟は、自宅の2階で折り紙をしていました。ところが今まで机の上にいたはずの弟が突然目の前から消えていません。びっくりして下を見ると、なんと落ちていたのです。

家と隣の竹林の間の石垣のわずかな隙間に落ちてしまったのです。

青くなった私は、脱穀中の父母を呼びに行きました。何と不思議なことに弟は無傷で受け答えもはっきりしています。頭を冷やしてしばらく様子を見ることにしましたが、異常は見られないので病院には行きませんでした。奇跡的に助かったのですが、打ちどころが悪かったら、おそらく命はなかったでしょう。

たかが熟し柿、されど…

記憶も飛んでいますが、中学時代は、病院跡に机を運び込んで校舎代わりに使っていました。秋になると強烈なキンモクセイの香りが漂って、酔いしれた覚えがあります。

新校舎が旧城北村立徳（山鹿市菊鹿町）にできることになり、みんなで近くの河原から何度も石を運び大変でした。

城北中時代の筆者（前列・右端）

校舎が新しくなったものの、家からの距離は延びて通学には苦労しました。部活は、姉がバレー部だったので、入部したいと思い何度か練習したのですが「体力勝負なので、体を壊すから」とのアドバイスでやめることにしました。

幸い足だけは速かったので、郡の対抗試合では選手として出場することになりました。毎日放課後、金光先生の特訓が始まりました。帰る頃になると、ひもじくて家に着くまで、我慢できないほどの空腹でした。

ある夕方、帰り道です。近道の丘の上にさしかかった時、真っ赤に熟した柿を見つけました。

木登りの得意な私が木に登り、一級下の和子さんが受け取ることにしました。かなり高い所まで登って、熟し柿に手が届こうとした時です。

「おなごのくせに！　どこのどいつだ。串刺しにするぞ」と持ち主の怒鳴り声！見ると竿先《さおさき》がお尻の下まで来ているではありませんか！　慌てふためいた私は滑り落ちそうになりながら、「すみません」というのがやっとで、逃げ帰りました。

柿の木は折れやすいので、忠告のつもりで言われたことと思いますが、「たかが熟し柿、されど泥棒」と家族にも言えず、今でも恐怖の場面が浮かびます。

また、唯一の楽しみと言えば、弟の釣りに付き合うことでした。土曜日の夕方、ウナギ取りの仕込みに行き、翌朝それを引き揚げに行くのです。石垣の間から、ウナギを引っ張り出す時の快感は忘れられません。

ある時、除虫剤を失敬して、川上の石の上でたたいて流しました。するとおもしろいくらい、ハエ（オイカワ）やアブラメが浮かんで来るのです。

思わぬ大量の収穫でしたが、父にばれると叱られるので、弟と2人でこっそり食べることにしました。何も分からないので、慌てて焼き魚にして食べたのですが、夕方までゲップが出て困り果てました。

大事に至らなくて幸いでしたが、軽い中毒だったと思います。

放課後親しんだ奎堂文庫

経済的に厳しいと分かっていても、どうしても高校に行きたかった私は、父に無理を言って、進学を許してもらい、鹿本高校に合格しました。

片道8キロ近くの通学は、楽ではありません。行きは下りですが、帰りは上り坂。それでも学校に行けるだけでも幸せなことで、弱音は吐けませんでした。月謝700円でしたが、固定給のないわが家では、借金して払ってくれたこともありました。

2学期になると、父は3500円の中古の自転車を分割で買ってくれました。おかげで通学はぐっと楽になりました。

でも通学中に桑畑に落ちて切り株でけがをしたり、3メートル下の田んぼに落ちて、

清浦奎吾の像とツーショット
＝9月、山鹿市の鹿本商工高

自転車を道まで引き上げられずに困り果てたりしたこともありました。

二つ年下の弟も梅雨時、番傘を差していて、バスをよけた瞬間、バランスを崩し、橋の欄干につかまったものの、自転車は3メートル近い下の石畳に落ち、使い物にならなくなってしまいました。弁当箱もぺちゃんこ。よくぞ欄干から落ちなかった、命があっただけでも不思議と喜び合いました。

思い出は2年先輩の青木行義さんのヘルシンキ・オリンピック（1952年）出場記念に開かれた水泳大会でした。

当時は泳げる生徒が少なく、私が少しは泳げたので一応選手として参加することになりました。

しかし、全く我流のクロールで、真っすぐ泳げなくて、ラインのロープに手が引っかかり、やっと泳ぎ切れたという苦い思い出しか残りませんでした。

3年の時はマラソン大会もあり、男子は菊池神社まで、女子は七城まで。長距離を走るのは、かなりこたえました。足だけは鍛えていましたが、競争となると勝手が違います。がむしゃらに先頭集団についていったものの、ラストスパートが利かず、賞は取れませんでした。

放課後は「奎堂《けいどう》文庫」に行って本を読み、先輩と文集作りを楽しみました。奎堂文庫は山鹿市鹿本町生まれで、県出身者初の総理大臣となった清浦奎吾氏が旧制鹿本中（鹿本高）に蔵書を提供して作られました。現在は鹿本商工高の新しい図書館にたくさんの資料が保管されています。

将来は先生になるのが夢で、熊大教育学部を目指して進学コースで勉強しました。でも経済的に大学は無理で、当時は月謝も寮費も無料だった看護学校に進学しました。

青春時代はお城周辺で

1955（昭和30）年、鹿本高校を卒業し、熊本市古京町の国立熊本病院附属高等看護学校に入学しました。現在は熊本博物館がある場所です。古い兵舎が、寮と教室でした。

屋根裏には、ハトがすみ着き、授業中にもクク ッ、ククッとの鳴き声。たまに乾燥した糞が落ちてきて、決して良い環境とは言えませんでした。

寮の食事だけでは足りずに、焼き芋を買いに行ったり、蜂楽饅頭で腹を満たしたりしていました。食べ盛りの若者には最高のごちそうでした。

寮の規則も結構厳しかったのですが、禁止されているダンスホールに出かけたり、夜、映画を見に出かけたりと、門限を破ることもしばしばありました。

夜10時になると玄関の戸が閉まるので、1階の友達に窓を開けてもらい、はい上がったものでした。思春期の女の子を預かる舎監の先生は、さぞや気をもまれたことかと思います。

日曜日には、友達と熊本城内を散策することが楽しみの一つでした。

当時は、西南戦争で焼けて、天守閣はなかったのですが、宇土櫓は残っていてアベックを見てうらやましがったり、冷やかしたり結構楽しいものでした。

二の丸には、その頃、熊大医学部生の教室と寮があってボランティア活動について講演を聞きました。熊大看護学校、再春荘、国立の看護学校3校の文化祭を、大洋デパートのホールでやることになり、演劇の指導に見えていたのが、今は亡き原田正純

初めての看護実習を前に開かれた戴帽式＝熊本市

氏でした。「末摘花の姫」（新釈源氏物語）を指導していただき、素晴らしいひと時をご一緒できて、良い思い出となりました。

人体解剖の実習の時でした。ホルマリンに漬け込んだ色の変わった遺体にメスを入れ、医学生が一つずつ人体の説明をしてくれるのでしたが、直視できなくて、気分が悪くなる友もいました。夕食が肉料理だった時は、誰も箸をつける者はいませんでした。

試験前になると消灯時間が過ぎても、舎監さんに分からないように徹夜することもよくありました。3年間の課程を終えて、いよいよ卒業の日を迎えました。

父は遠方から電車を乗り継いで看護学校まで来てくれました。私が卒業生代表で答辞を読んだことがよほどうれしかったのか、院長先生をはじめ、先生方にお礼の言葉をかけていた姿を思い出します。

寝食を共にしたクラスメートは、何物にも代え難い終生の友となりました。

憧れの看護婦も苦難続く

看護学校を卒業して、国立熊本病院（熊本市二の丸）に採用されました。憧れの看護婦として、最初に勤務したのは第3病棟（伝染病棟）でした。

広い敷地の一番北側の外れで、大きなクスノキがあり、夏の暑い時など、開け放した窓からコウモリが入り込んで看護室を飛び回っていました。

当時は、まだ結核患者が多くて、術前術後の患者さんが大半でした。パス、ストレプトマイシンという薬剤の治療が主でしたが、薬の効果のない結核患者はかなり長いこと療養されていました。

病棟に行ったら、ホルマリン消毒した白衣に着替えて、病室に入ります。日勤と準夜、深夜の三交代でしたが、重症の患者さんがいる夜勤では、かかりっきりになって、そんな時に限って、あちこちからブザーが鳴るのです。

一人では、対応できないので、ブザーが鳴りっ放しの時など、隣の外科の看護婦が助けに来てくれたこともありました。

精神的に落ち込んでいる患者さんには、心のケアを、その人に合った対処の仕方で応対するのですが、なかなか思うようなコミュニケーションがとれず、悩んだことも

国立熊本病院に勤務していた当時の筆者(左)＝1958年

ありました。

ある時、術前の患者さんが突然せき込んだと思ったら、真っ赤な血を噴き出したのです。慌てて膿盆《のうぼん》を持って窒息しないように体を起こして、噴き出す鮮血を拭き取りました。血のにおいが鼻につき、吐きそうになりながら介抱しました。

月給は最初の6カ月は、臨採で4700円、10月から本採用で9600円、寮費、食費を払ったら、ほとんど残りませんでした。

将来の展望もない中で、元気だった患者さんが、朝行ってみると亡くなっていたり、小さい子が亡くなったりと心が痛むことが多くて、働くのがむなしくなってきました。

せっかく採用されたばかりで、総婦長から「もうしばらく頑張ってみたら」と言われたのですが、同僚も辞めたし、思い切って辞めることにしました。

もし、この病棟でなかったら！　もう少し月給が高かったら辞めなかったかもしれません。将来が見えない中で、もしも結核になったらと不安材料ばかりが頭を飛び交い、易《やす》きに流れたと思います。

ちょうどその頃、中学時代から付き合っていた友達も新任地が決まっていて一緒に、との誘いもありましたが、こちらで縁談があり、断りました。

情にほだされ縁談承諾

病院勤務に嫌気が差していたところ、いくつかの縁談がありました。

二つ違いの弟の大学費用は、私が働いて出してやるつもりでしたので、結婚なんて、とんでもない状況でした。

みんな断っていたところに、病院に出入りしていた時計商の人が、自分の弟の結婚相手を探しているということで、婦長さんから「人物は良いから」と勧められ、軽い気持ちでしたが、家に連れて行かれました。

そこは、お見合いの席みたいに家族一同、歓待をしてくれました。

そして、三男の弟が結婚を急いでいるので、できたら先に次男から結婚させたいと、切羽詰まって急いでおられた様子でした。

仕事は、父の後を継いで燃料の卸商、商売は手伝わなくていい、家事さえしてくれれば良いなど、好条件を述べられました。

商売の世界を知らない私は、自信がないので、丁寧に断りました。

ところが、本人よりも家族の方に気に入られてしまって、特に父親から「どうしても来てほしい」とのこと。あげくの果ては、数年前に脳梗塞を起こしていた父親が具合が悪くなったとか、「もしも父上の具合が悪くなったらどうしよう」など、小心者の私は情にほだされて縁談を承諾してしまったのでした。

結婚式を挙げたのは、1959（昭和34）年4月。22歳でした。広い古い家で、家族、親族、友人集まっての質素な式でした。

花嫁姿の筆者。当時22歳＝1959年4月

それから、料理一つやったことのない私は、義母の元で少しずつ家事を覚えていきました。

まず、朝早く起きて、かまどに薪《まき》をくべ、ご飯を炊きます。最初の頃は、水が少なくて、硬い「ごっちん飯」になったり、軟らかすぎたりと、失敗ばかりでしたが、そのうちにだんだん慣れてきて、水加減や火加減も分かるようになりました。

今みたいに、炊飯器もなく、洗濯機はハンドルで絞る手動式。風呂も薪で沸かすのですから、家事だけに追われる毎日でした。

義父母と弟夫婦、義妹と7人のまかないは、結構大変でした。

5歳年上の主人はさすが商売人。人当たりも良くて、冗談を言っては笑わせるような雰囲気づくりが上手な人でした。

でも親には絶対服従、不平不満を言ったことがない人でした。

働くことに反対した義父

私たちに長女が誕生し、やがて弟夫婦にも女の子が生まれ、家族は一挙に9人になりました。私は専業主婦、弟夫婦は時計店をやっていたので、弁当を作って送り出したものでした。

それから、しばらくして私たち両夫婦に妊娠が分かって、弟夫婦は義兄の近くに家を買って、家別れしました。義妹夫婦も市内に家を借りて、みんな落ち着く所に落ち着きました。

主人は、毎日、外に借りている仕事場に出かけて行きます。私は商売の手伝いと言えば、帳簿をつけることと年度末に提出する青色申告書の作成。そろばん片手に奮闘しました。

つらいこともいっぱいありましたが、義父が戦前に勤めていた熊本燃料組合の退職金で購入した古家付きのわが家には、おいしい桃もたくさん収穫できましたし、古い年季の入った

義父母縁側にて＝昭和35年頃

義父母わが家の庭で
＝昭和36年頃

月に1回の家族会＝昭和36年

大きな柿の木もあって、ほかにアンズ、ビワにグミなど、まるで実家にいるようで、収穫の時々の楽しみがありました。

次女が2歳8カ月の時でした。

結婚直後に臨時採用で働いた簡易保険診療所で、欠員が出たということで、1965（昭和40）年に募集がありました。

二十数倍の受験者の中から合格して、大喜びをしたのも束の間、まさかの義父の猛反対にあいました。

「女に働かせるなんて男に甲斐性がないと言われる。絶対に働くことには反対だ」というのです。

義母と主人は、私に賛成してくれましたが、義父は怒って、歯医者をしている兄弟の家に相談に出かけました。二人とも「お嫁さんが働いてくれるというなら、良いことではないか」と諭されて、1週間後には帰ってきました。

格式を重んじる明治生まれの義父にとって、女が外で働くことには納得がいかな

「おかあさんにあいたくてたまりません」と手紙をくれた次女（5歳ごろ）

かったのでしょう。
　採用が決まって、やがて出張も増えてきました。私にとっては、上げ膳、据え膳の結構な日々でしたが、幼い娘たちは寂しがりました。
　次女は「おかあさんがいくときちょっぴりなきました。よるになると、おかあさんにあいたくて、あいたくてたまりません。ていこはなきました。よなかには、おかあさんがだいすきです」と、たどたどしい字で書いた手紙をくれました。
　あんなに反対した義父ですが、何かと協力してくれるようになりました。

離島、沖縄へ巡回診療

　私は1965（昭和40）年、水前寺にあった熊本簡易保険診療所に入所しました。

沖縄の本土復帰後の第1回巡回診療の合間に守礼の門の前で＝1972年

郵政省の外郭団体が簡保加入者ら向けに設けており、所内診療と無料巡回診療の二本立てで業務をやっていました。

初任給は2万1400円でした。簡保加入者の保険診療が始まる64年までは半額料金でしたので、利用者は結構多かったようです。

71年7月には、日本医師会が政府の医療行政に不満を表明した「保険医総辞退」騒動のあおりで、患者が倍増し、熊日の取材を受けました。

以前は巡回診療先では、昼間の診療が終わると、男性たちは夜間映画、幻灯機を回して、人集めもしたとのこと。女性陣は、時にはウグイス嬢になって翌日行う診療の案内をやり、結構大変だったそうです。

また、道路事情も悪くて三太郎峠あたりは喉から胃が飛び出すくらい、車がバウンドして吐きまくったこともあったと、先輩は述懐されていました。

時代は変わり、2泊3日の人間ドックを開始するようになり、集団健康診断も始めるようになって結構忙しくなってきました。

一方、離島の巡回診療も始まりました。種子島や屋久島、徳之島、奄美大島の巡回など、初めての訪問地での仕事は、張り合いがあり、貴重な経験になりました。

72年5月に沖縄が本土復帰の運びとなり、第1回の沖縄巡回診療を行うことになりました。

診療車は船で運び、私たちは鹿児島空港から那覇空港へ。着陸態勢に入った時は、飛行機が真っ青な海に突っ込んでしまうのではないかと思うくらい、ハラハラドキドキで、思わず全身に力が入りました。

真夏の7月、沖縄はギラギラ照り返す太陽の日差しで、額から汗がしたたり落ちました。運転手は右側通行で慣れない道路にかなり神経を使ったようでした。

那覇の宮城原センターを宿泊拠点として、県南部を中心に、糸満、東風平、南風原、中城、浦添、北谷、読谷、与那城、具志川、石川と2週間コースの診療が始まりました。

戦後27年たっていましたが、沖縄の人々には、戦争の傷が大きくて、「どこから来たのか」と聞かれ、「熊本から来ました」と言うと、「やまとんちゅう（大和人）か」と、あまり快く思っていないようでした。

あれだけ痛めつけられたのですから無理もないことでしょう。でも、受診者は多くて毎日大変でした。

石坂市長の叙勲祝いが…

結婚して主人の実家の熊本市桜井町に住むようになりました。現在の中央区水道町です。熊本大空襲でも被害を受けず、古い町並みが残っていました。

町の中心地ですが木々は多いし、隣の石坂繁元市長さんの家には木も多く池もあり、ガマガエルの声をよく聞いたものでした。まだ車の行き来もまれで、大きなガマガエルが道路を平気で歩いていたものです。

大きなモクレンの花が自慢で、奥様から誘われて花見にいったものでした。

その隣が、明治中期に建てられた、熊本電気会社第二代社長で実業家の紫藤猛さんの家で、戦後、進駐軍のピーターーゼン親子に住居の提供をされていました。ピーターーゼン氏は熊本のＰＴＡの創始者といわれる人です。当時としては珍しい水洗トイレがあったそうです。

前には、手取神社（菅原神社）があり、大木が多かったので夏は涼しく、セミも多くて、子どもたちは、よく遊ばせてもらっていました。

1965（昭和40）年、石坂先生が勲二等旭日重光章を受けられ、市民会館で式典が開かれることになりました。奥さまの依頼で5歳の長女が花束贈呈をすることになっていました。明日がその日という時、義妹夫婦が里帰りをするため、私はもてなし用の料理を作っていました。

主人は、準備の邪魔をしないようにとの気遣いから、自転車の前のかごに次女を、後ろに長女を乗せて、遊びに連れて行ってくれました。

筆者の長女。当時の石坂繁熊本市長にこの衣装で花束を渡す予定だった＝1965年

久しぶりの父親との散策がよほどうれしかったのか、長女はつい、うっかり自転車のリムに足を巻き込んでしまったのです。

私は料理を中断して草場町の西郷病院へ走りました。見ると筋膜まで見えて、しばらくは絶対安静と診断されました。

せっかくの晴れの舞台に花束

を渡せなかったのは残念でしたが、石坂家の皆様に迷惑をかけてしまい、いつまでも心が痛みました。

石坂先生は衆院議員6期、熊本市長を通算3期務められました。清廉潔白の人格者でした。一人息子を戦争で亡くされ、一人娘さんは東京在住で、家庭的には寂しい方で、その分、国会議員時代も市長時代も人々のために、体を張っておられました。最愛の奥さまが亡くなられた時はショックも大きかったことと思います。先生も大病され、政治の世界から退かれて、永年住み慣れた家・土地を売られ、合志へ移られました。残念ながら79歳で亡くなられました。

沖縄の海に消えた若い命

初めて鹿児島県の知覧飛行場跡に行ったのは、1969（昭和44）年、巡回診療に訪れた時でした。

今みたいに知覧特攻平和会館や灯籠、記念碑などは何もなく、広い茶畑の一隅に広い飛行場の跡がありました。

当初の宿泊地は内村旅館、すぐ横を澄み切った清流が流れていてアブラメがたくさ

鹿児島・知覧の巡回診療に同僚と訪れた筆者（左）＝1973年

ん泳いでいました。戦時中は、たくさんの特攻兵の方が来て、寂しさを紛らすため、いろいろ語り合っていたそうです。

その後、富屋旅館に宿泊するようになりましたが、そこには特攻兵の方々の写真がいっぱい飾ってありました。

「明日は沖縄へ行って敵機をやっつけるのだ、と童顔の若者たちがにこやかに話していたよ。決して穏やかな気持ではなかったはずなのにね」と話したのが、鳥浜トメさん。何十年も食堂、旅館業を営み、特攻兵の世話をして「特攻の母」と呼ばれた方です。

出征する前の晩、けがで風呂にも入れない兵隊さんの背中を流している時、「おばさん、ぼく、敵をやっつけて必ず帰って来るからね」とか、「僕たちは親孝行もできないまま死んでしまうけど、僕たちの分まで長生きしてね」など、隊員たちはたくさんの言葉を残して沖縄の海に消えていったそうです。

送り出すトメさんの心の内は、いかばかりだったでしょうか。

トメさんは、体は小柄でしたが、お客さんの相手、お子さん方の面倒と一人でコマネズミのように働いておられました。仕事柄、肩凝りがひどくて、何度も巡回診療の会場まで足を運んで鎮痛薬のカンポリジンの注射をされました。

もっといろいろお話を聞いておけば良かったと思うのですが、会館の一角にトメさんのコーナーがあって、ほっとしています。

明日は敵機に体当たりする運命の若者たちに精いっぱいのもてなしをして、送り出したトメさんの偉業は、後世まで語り継がれるべきでしょう。

今、ウクライナが戦場と化して、大切なものが破壊され、犠牲者は増えています。

太平洋戦争も日中戦争や日露戦争も、一体何のためにやったのか、略奪と破壊と多大の犠牲ばかりが増える戦争は、何のためにするのか！　人間は、何て馬鹿な愚かなことを繰り返しているのでしょうか！

武器でなく、対話で戦争の終結を望むばかりです。

苦難に満ちた沖縄戦思う

1973（昭和48）年11月、2度目の沖縄診療に訪れました。屋我地、伊江島、久志、宜野座、金武、嘉手納、宜野湾、東村などの2週間でした。

長いこと家を空けるのは、家庭持ちには、いろいろ支障を来すので、所長の計らいで片道旅費自費負担にして交代しました。

伊江島は周囲18キロの丸い狭い島です。本部から航送船に乗って45分くらいです。船からは高さ172メートルの岩山、「伊江タッチュー」が見えます。

伊江島は、かなりの激戦地で、島の人々は空から爆弾が落ちる中を逃げ回り、自分たちが造った防空壕《ごう》に入ろうとすると、日本兵から追い出され、あちこち壕を探し回ったそうです。

受診者の方々に、当時のことを話す人は、誰もいませんでした。思い出したくない苦難に満ちた日々だったと思います。

仕事が済んだ夕方、郵便局員さんが飛行場の跡地に連れて行ってくれました。ただ草ぼうぼうの何もない原っぱでした。その時は訳も分からず眺めたのですが、その飛行場に島民が駆り出されたドラマがあったことなど、知るよしもありませんでした。

伊江島で石川郵政管理事務所の方々と＝1973年11月

太平洋戦争が末期に近づき、日本軍の負け戦が続いていました。伊江島では「敵を迎え打つために東洋一の飛行場を造れ」との軍の命令で、ろくに訓練も受けないまま徴用された棒兵隊員や、老人、母親、小学生まで動員されて、つるはし、シャベル、もっこを担ぎ必死で滑走路を造ったそうです。

ところが、やっと出来上がった滑走路を「直ちに壊せ。かえって敵国に利用されるから」との理由で翌日、元通りに埋め戻されました。

やがて、空からは爆弾の雨、海からは艦砲射撃が始まり、何人もの島人が亡くなり、伊江タッチューも、全ての木が焼け、岩肌も傷だらけで、泣いているようだったと話されました。

1945（昭和20）年6月、牛島満司令官や長勇参謀長の自決で、沖縄戦は終わりました。しかし、沖縄全土を襲った〝鉄の暴風〟に、日本兵、島民、米兵合わせて

23万人が死んだそうです。ある受診者の方は、肺に破片が突き刺さったまま残り、心臓が近くて手術ができないと、つらそうに話されました。

戦後28年たっても普天間基地や駐留兵の問題など、いまだに戦争は終わっていないと強く感じました。

辺戸岬から見た真っ青な海にマンタの親子が泳いでいた姿が目に浮かびます。

命拾いした大洋火災

1973（昭和48）年11月29日午後1時15分ごろでした。けたたましいサイレンの音、走り行く消防車。場所は近い。テレビをつけると何と火事は大洋デパートで起きていました。

ちょうどその日は、当直明けで半日勤務でした。帰りに埼玉の親戚に持たせる土産を大洋デパートに買いに行き、開催中の北海道物産展に行こうかと迷いながら帰宅したばかりでした。

あの時もし、物産展に行っていたら、火事に巻き込まれていたのではないかと思うと、足の震えが止まりませんでした。

本店3階の階段付近から出火して地上9階の3階以上が猛火に包まれ、大惨事となりました。

私の知人も6階から飛び降りて骨盤を骨折し、しばらく入院となりました。クラスメートは、隣のビルの外壁工事をしていた方に助けられ、九死に一生で助かりました。神の助けか、運良く命拾いしたのだと運命の不思議さを思わずにはいられませんでした。

死者104人、負傷者67人、デパート火災史上最悪の惨事といわれています。

夕方まで消火作業が続いて、なかなか鎮火しませんでした。

私の自宅は上通アーケードから入り、かつて「桜井町」と呼ばれた所ですが、近所ということもあって、大洋デパートの山口亀鶴社長のお孫さんが、よく遊びにきていました。

私の三女と遊び相手になり、娘の幼稚園登園に間に合わなくなるという時間まで帰りたがらないので、お手伝いさんが迎えに来られることもしばしばでした。

火事の原因は結局、特定はされていないそうです。その後の被災者との話し合いや事後処理は、どんなにか煩雑で心労が大きかったことかと心が痛みました。

たくさんの従業員さん、会社、自宅の売却と家族の方をはじめ、関係者の方の運命

上通アーケードから入った路地の傍らにある「桜の井戸」＝熊本市中央区

も一瞬で変わってしまって、人ごととは思えませんでした。

その後、大洋デパートの跡地には熊本城屋百貨店が開店。後に城屋ダイエー、ダイエー熊本下通店になり、2017（平成29）年4月には商業施設「COCOSA（ココサ）」が誕生しました。

山口家の跡地には、セントラルビルが建ち、武家屋敷の方が茶の湯に使っていたといわれる「桜の井戸」と、大きなエノキが残っています。

創作童話をお話ししたい

熊日童話会の創作教室は、1981（昭和56）年にスタートしました。初代講師は児童文学作家の北星洋介氏、その後をお世話くださったのが高木昌男氏、宇佐川昌和氏、古閑恒二氏ら先輩方でした。

98（平成10）年からは日本児童文学者協会（児文協）から甲佐町出身の丘修三先生に指導を受け、２００９年からは今関信子先生も同伴で指導いただいています。

私が入会した83年は、童話会の30周年でした。記念図書として会員の作品を集約した創作童話集「23色のクレヨン」が熊本日日新聞社から刊行されました。編集責任者は北星氏。この本は前半が読むための童話、後半がお話のための童話と、二つに分けて編集してあり、日本でも珍しい童話集でした。

98年7月には、創作教室の特別夏期講習会が熊本市上通町にあった熊日の地下大会議室で開かれました。児文協が創立50周年を記念して作者の出身県別に刊行している童話作品集「ふるさと童話館」の熊本県版をまとめるため、創作の技術や視点を磨いて出品に結び付けるのが狙いでした。

丘先生が文章講座を、本木洋子先生が「『ふるさと童話館』の創作方法」を担当されました。県版の「熊本の童話」には、教室生から7人の作品が掲載されています。

創作教室では、毎年1冊の文集を発行することにしています。曲がりなりにも、年度末に文集が出来上がり、第28集まで続いています。また、教室生の作品は2年間、熊日中3クラブに掲載していただいたこともあります。

熊日童話会の30周年記念創作童話集「23色のクレヨン」(1983年)

会員の努力が実り、賞をいただく例も出てきました。野尻ひろ子さんの「動物病院へ大急ぎ」は２００９年、水俣市が募集した「みなまた環境絵本大賞」で佳作に選ばれました。田中直子さんの「いつでもだれかの味方です〜大江ノ木小応援部」は11年、第２回朝日学生新聞社児童文学賞（最高賞）を受賞し出版されました。

出来上がった作品は、浜島玲恵氏（株式会社桃）のお世話で、池田さとみさんや立田絢さんにＦＭＫの番組で朗読していただいています。さすが専門家、下手な文章でも輝きを見せてくれるのはうれしいものです。

究極の目的は、創作教室生がつくった創作童話を、口演化して子どもたちにお話しすることが夢です。

何話か自分の作品を子どもたちにお話ししたこともありますが、もっとすてきな作品を書き、口演化していきたいと思っています。

書く面白さ初めて味わう

1983（昭和58）年、熊日童話会に入会して、まずは創作教室で勉強することにしました。

幼少時は戦争に翻弄《ほんろう》され、教科書以外、本らしいものは何もありませんでした。戦後、家で購入していたのが農協が発行している「家の光」だけ。時々目を通すくらいでした。

戦後の田舎の学校では、図書館もなくて、童話など読む機会もありませんでした。鹿本高校に入学して、校内の奎堂《けいどう》文庫で初めて本らしいものに出会い、文集作りをたしなみました。そんな環境でしたので、創作教室で学ぶのは新鮮で、童話を書くノウハウを教えていただき、書くことの素晴らしさや面白さを初めて味わいました。

月に1度集まり、それぞれの作品を披露して意見をもらい、指導を受けました。辛《しん》辣《らつ》な批評ではなく、指導の仕方が優しくて、やる気を誘うような雰囲気に、私は引き込まれたのです。

高木昌男先生の後を引き継がれた宇佐川昌和先生、古閑恒二先生の講義は、すべて手書きでした。

創作教室受講者の作品を講評する講師の今関信子さん（中央）と筆者（右）＝2014年、熊本市

私の第一作は「犯人は先生だ」でした。学校で起きたカブトムシ事件、実話をアレンジした作品でした。その後、熊日紙面の「くまにちどうわ」に投稿して何作か掲載していただきました。

新聞に掲載されると、もっと書きたいという意欲も湧いて、巡回診療先の夜の時間に、粗筋を書いて帰宅してから清書するという時期もありました。

そんな時、書いたのが、鹿児島・池田湖で見た大ウナギから空想した「イッシー」。水槽にゆったりしていたウナギの大きさにびっくりして書いたものです。

「がんばれひろし」は、トラクターが転倒して亡くなったお父さんの話です。当時は、よくそんな事故が起きていました。

「おばあさんの夢」「真っ赤なものなーに」「涙の振り袖」は、義母の話の中から選んだ実話でした。義母は優しくて気骨がありました。私が主人を亡くした後、筋を通して私たち親子を守り抜いてくれました。

2歳で父親を亡くして苦労した姉妹の話などは、われながら涙することもしばしばでした。

私の童話は、ファンタジーやメルヘンチックな話はほとんどなくて、巡回の先々で出会った経験を基にした物語が多いのですが、自分のメモリーとして書いたものが多く、今読んでも往時を思い出します。

優しい先輩や仲間がいたことが継続の源泉でした。

悲しい別れは突然に

1989（平成元）年、三女が免許を取って間もなくのころでした。練習のため山鹿までドライブに出かけた帰りでした。

信号待ちの時、突然後ろから、ドンっと、ぶつかられました。降りてみると後ろのバンパーが、へこんでいます。たいしたことはないので、警察官に立ち会ってもらって、示談で済ませることにしました。

ところが、その夜から、頭重感があり、首が痛くて眠れません。外科を受診すると、

家族で記念写真に収まる筆者（左）と夫（右）

完全なむち打ち症と診断されました。

それから仕事中も宙を歩いているようで吐き気と気分が悪い。毎日、電気治療を受け、少しずつ効果が出始めた頃、突然、電気がビリビリ走り手先までしびれました。電圧が強すぎたのか、また元に戻ってしまって、仕事中、患者さんに注射をしている時も、ふわっと浮いて、倒れ込みそうになり、とうとう入院の運びとなりました。

そんな時、主人が突然、心臓発作を起こし、亡くなったのです。57歳でした。

私の入院先に電話があって、救急車を呼んで、主人が熊大病院に運ばれた時は意識もほとんどなく、やがて心肺停止。蘇生術や人工呼吸などを受けたのですが駄目でした。あまりにもあっけない別れでした。

東京の娘も、牛深で勤務している娘も間に合いませんでした。私は自分の入院をどんなに悔やんだことか。後悔しても後の祭り、こんなに悲しいことはありませんでした。

私が仕事を続けられたのも、主人と義母がいて、子どもたちの面倒を見てくれたからのこと、感謝しても言い尽くせないくらい、お世話になりました。

私のように巡回診療の出張ばかりで何日も家を空けていたら、留守番が大変です。主人は、子どもたちが寂しがらないように、好きな料理を作ったり、遠足の時などは豪華な弁当を作ったりしたそうです。

私は職場の花見や忘年会など飲む機会も多く、ほろ酔い加減で帰ることもあって、主人から時には叱られることもありましたが、割と寛容でした。

もっと主人孝行をしておけば良かったと悔いることしきりでした。主人との旅行は、京都、東京、富士五湖めぐり、北海道周遊くらいでした。

私の10年勤続表彰式に一緒に東京へ行き、旧郵政省の複合施設「ゆうぽうと」で、その頃は珍しかったバイキングの豪華料理に喜んでいた姿が忘れられません。

被災者に寄り添い救護

1991（平成3）年6月3日夕方のことでした。きな臭いにおいと共に、あたりが急にかき曇り、黒っぽい雨が降って来ました。

一瞬、何事かと驚いていると、雲仙・普賢岳が爆発したとのニュース。前年末から噴火の前兆はあっていたものの、まさか爆発するなんて信じられませんでした。テレビでは、噴火の様子と流れ出す火砕流のすさまじさを報じていました。

私たちは早速、島原へ災害救護班として出動です。急きょ必要な薬剤を準備して、診療車に乗り込みました。三角港から島原港までの乗船中、白く流れ落ちた火砕流の痕跡が見え、不安も募りました。

幸い、いつも利用する島原簡保センターは、眉山の近くで被害の大きかった深江町から少し離れていて被害もなく、宿泊拠点になりました。

第一中学校体育館で、被災者の診察が始まりました。噴火の影響で、目薬や睡眠剤、胃腸薬、湿布薬など、一般の診療とは違った薬が多く出ました。

避難所で集団生活を余儀なくされた人たちは、眠れないと訴える人が多く、赤ちゃんを抱えたお母さんには「子どもが眠らず泣くので、迷惑をかけないように一晩中、外で過ごした」という人もいて、かわいそうでした。

また、近所の消防団員さんが亡くなって、葬式に行くという人など、運命の残酷さを考えさせられました。

死者40人、不明3人、木場小学校や養豚業の人たちの被害や泥土に埋め尽くされた

火砕流で埋もれた神社の鳥居と筆者＝1991年、長崎県深江町（現・南島原市）

深江地区など目に余るものがありました。

今から230年前、眉山の噴火では「島原大変、肥後迷惑」といわれたくらい、熊本も津波で被害が出ています。

95年1月には、阪神・淡路大震災が起きました。まだ余震が続く寒い中、淡路簡保センターを宿泊拠点に救護活動に当たりました。

急に孫を亡くしたおばあさんは「私が代わりに死ねば良かった」と泣きながら話されました。つぶれた家のことが心配で、じっとしていられないおじいさんなど、心のケアが必要な方ばかりでした。

夜は、淡路島の保健所の方のお誘いで、懇談会があり、北海道の奥尻島で活躍された札幌診療所の看護婦さんと交流し、参考になることも多々ありました。

ちょうどそのころ、長女は石川県で出産したのですが、私の代わりに三女に行ってもらいました。

念願の富士登山を達成

山登りは好きでしたが、中学時代に何度か、山鹿市と菊池市にまたがる八方ケ岳に初日の出を拝みに行ったくらいでした。

看護学校の学生時代には、阿蘇の高岳や大分の久住山に登りました。きつかったけど、頂上から眺める景色の素晴らしさと、「やったあ」という達成感が忘れられず、やみつきになりそうでした。

巡回診療の訪問先では仕事の後で、鹿児島の開聞岳や野間岳にも登りました。それから屋久島の黒味岳では頂上の平べったい岩の上で、思いっきり深呼吸して、空気のおいしさを満喫しました。その時の空の青さは、今でも目に焼き付いて忘れられません。

いつの日か、どうにかして日本一高い富士山だけは登ってみたい願望はありました。１９９４（平成６）年の夏、旅行会社からちょうど良い募集があり、早速申し込みました。このころ、私は57歳でした。子どもたちもそれぞれの道を歩き始め、少しは時間的にも、心の余裕も出始めていました。

登るからには、少しは準備も必要かと思って、まずは足慣らしに金峰山へ。猿すべ

富士山山頂の売店前で筆者＝1994年7月

りを登りました。かなり急坂で、久しぶりに息が上がりました。

それから、中央町（現美里町）にある3333段の「日本一の石段」に挑戦しました。下りは関節がガクガクして、足腰が筋肉痛になり何日も悩まされました。

さらには友人と、五木、山江、相良の3村にまたがる仰烏帽子山《のけえぼしやま》にも登り、準備万端。いよいよ念願の富士登山の始まりです。

東京まで飛行機で、後はバスで5合目まで。そこで一休みして、いよいよ山頂を目指して歩き始めました。

まるでアリの行列みたいにぞろぞろついて行き、やっと8合目に着きました。

そこで仮眠だったのですが、狭い場所では眠れるはずもありません。

翌朝は5時起床でしたが、みんな結構元気です。

9合目で日の出を拝んだときは、感激の涙が出て幸せをかみしめました。

頂上での弁当は、砂をかむみたいで、食べられず、うどんを買ったのですが、空気が薄いせいか、やはり食べられませんでした。

それでも頂上まで登ったという達成感と景色の良さは最高でした。

世界各地を見て聞いて

私は本来、旅行大好き人間ですが、思うようには旅行できないのが現実です。

初めての海外旅行が香港。胸が高鳴って、眠れないくらい興奮しました。ビルの立ち並ぶ街中にある空港に着陸する時は、怖くて思わず足に力が入りました。今も思い出に残っているのは、丘の中腹に高いビルが立ち並んでいるのを見て、地震の時はどうなるんだろうという疑問でした。香港には、地震がほとんどない。それはプレートの沈み込みが近くにないから。でも皆無ではないとのことでした。

夜は、海上レストラン「ジャンボ」で飲茶《ヤムチャ》コースの香港料理を食べ、至福の時を過ごしました。

その後、童話会の志水久子先輩から、行けるときに、なるだけ海外旅行に行くように勧められました。

志水先輩は、子どもたちにお話をするには、現地に行って、ちゃんと見聞きして、

イタリアフィレンツェ市街をバックに

臨場感のあるお話をしたいという目的で旅行されていました。

私は、熊日童話会仲間の廣重さんと、ドイツのロマンチック街道の旅や、オーストラリア、韓国、中国と気楽な旅で、楽しさを満喫しました。

その後は、妹との旅行が始まりました。中国では、兵馬俑《へいばよう》、万里の長城、紫禁城などを回りました。ところがホテルで出たギョーザが生煮えで、ひどい腹痛と下痢で、同行の川野先生から、薬をいただき、どうにか乗り越えることができました。

オーストラリアではコアラを抱っこ。インコの大群が餌を求めて肩や手に止まり、怖いくらいでした。

イタリアは歴史にあふれた国でした。北欧6カ国旅行では、ノルウェーで思わぬ出会いがありました。昔話「三びきのやぎのがらがらどん」に登場するトロルは悪い魔物ですが、あちらでは、日照不足の北欧で生まれた偶像的な存在で、全く違うストーリーを聞きました。でも道路のあちこちには、怖いトロルの看板が出ていました。

ノルウェーでは「トロル坊や」の人形、そして有り難いことに日本語版の本に出会い早速買い求めました。

北欧では、山々の頂上の雪。あちこちに見えるフィヨルド。湖上の観光船上で、真っ青な空、湖水の青さ、真っ白なカモメたちのコントラストがすてきでした。

アンデルセンが執筆活動をしたという建物も見学できました。

退職を機に創作童話集

39年間勤めた看護師の仕事を辞める日が来ました。2003（平成15）年、66歳でした。

国立熊本病院に1年、その後、熊本簡易保険診療所に38年間。悲喜こもごも、いろいろありましたが、命に関わるひどいけがもせず、病気もせず、勤めを終えることができました。これも、周りの人々の支えや協力があってこその永年勤続だったと思います。

簡保診療所の統廃合が進められていた1995年に大分、宮崎、翌年には福岡診療所が熊本に合併、統合されました。

いろんな事がありました。簡保福祉事業団熊本診療所閉所式＝平成15年2月7日

郵政民営化を進めた小泉純一郎総理大臣の頃から、風あたりがひどくなり、簡保加入者のための福祉事業団の存廃も取り沙汰されるようになりました。

巡回ドックの範囲も九州一円に広がり、結構大変になりました。いずれは、複合型の検診センターができる予定で、設計図も出来上がっていたのですが、社会情勢の流れで、それも立ち消えになり、03年に50年近く社会貢献してきた簡保診療所は消え去ることになったのです。

その時、長野、燕、仙台、高松、また四国の島々を巡っていた松山簡保巡回船も廃止になり職員もバラバラに分かれて行きました。

広島、大阪、札幌、ゆうぽうと（東京）などの検診センターは残りましたが、やがて廃止になりました。せっかく長年働いてきた職場がなくなるとは、みんな断腸の思いでした。

全ての整理がついて2月15日に先輩諸氏に参加していただき、お別れ会を開きました。熊本簡保診療所があった「水前寺の五差路で会いましょう」の合言葉で別れましたが、今は昔の面影もなく、大きなマンションが建っています。

私は退職記念に今まで創作教室で書きためていた作品から20編を選んで出版することにしました。本のタイトルは「むっくりモコ」。村おこしに一役買おうとするツチノコの「モコ」のお話です。

収録した作品は、阪神・淡路大震災を題材にした「あの日あの時」や、「黒い米粒」「お城炎上の謎」「ひとりぼっちの旅」「千羽鶴」など。「スーパーティラノ」は、旧郵政事業庁主催の「私のアイデア貯金箱コンクール」でNHK会長賞をもらった小学1年の孫娘の話です。どれも思い出に残る作品ばかりです。

筆者の創作童話集
「むっくりモコ」

挿絵は在熊のイラストレーター池永久美子氏にお世話になりました。第二作を考えてはいましたが、駄作ばかりで、珠玉の一編にはほど遠いですが、いまだ夢はあります。

久留島氏の手法を継承

熊日童話会の口演童話は、創作童話とともに2本柱となる活動です。

口演童話は、物語を読み込んで暗記し、自分のものにして、話術や話法も自分なりに考えて、口で演じるという手法です。年齢に応じたお話を、子どもたちに分かりやすく、かみ砕いてお話しするのです。

いわゆる「読み聞かせ」や朗読などとは異なるという点を知っていただきたいと思います。

口演童話を始めたのは、大分県出身の児童文学者・久留島武彦氏（1874～1960）で、童話会も手法を継承しています。久留島氏は日本のアンデルセンといわれ、戦前戦後を通して活動した方です。

童話会の口演部門は当初、1963（昭和38）年の「夏の研究会」として、児童文学作家の椋鳩十氏の講演を皮切りに始まりました。その後は毎年、児童文学作家の川崎大治、灰谷健次郎、たかしよいち、前川康男、斉藤きみ子、本木洋子、今関信子の各氏らを招きました。

県在住者や県出身者では、作家・郷土史家の荒木精之、作家の石牟礼道子、民俗学者の丸山学、県立図書館長の蒲池正夫、児童文学作家の丘修三、今村葦子、童謡歌手の大庭照子、絵本作家・イラストレーターの池永久美子の各氏らに講師をお願いしました。そうそうたる方々を招いています。

会員が要請に応じて出向き、口演などを披露する派遣活動も、かつては小学生や中学生などが対象でした。県内一円のみならず長崎県島原市までお話に出向いたこともあったそうです。

しかし、派遣先も時代の変遷と共に小学校のほか、幼稚園、保育園、児童育成クラブなどに広がりました。一方、高齢者施設から派遣依頼があることもあります。

派遣先が低年齢層化するにつれ、対象者に合った話材を選んだり、お話以外にも手遊びやパネルシアター、エプロンシアターなどを覚えたりする必要が出てきました。

パネルシアターとは、パネル板（布を貼ったボード）の上に不織布で作った絵や文字をパネルに張ったり外したりしながら物語を伝える手法です。エプロンシアターは、

熊日童話会の15周年記念講演会で、口演童話を熱心に聞く子どもたち＝1967年、熊本市上通町の熊日本社

身に着けたエプロンを舞台に見立てて、人形や絵などを張り付けながら物語を展開します。

最近は会員の高齢化もあり、口演教室の参加者は減ってきましたが、まだまだ夢を追いかけて頑張っています。

場を重ね口演にも慣れ

子どもたちをお話の世界に、ぐんぐん引き込み、子どもたちの想像力をかきたてるためには、何度も何度もお稽古して、話術や話法を身に付ける必要があります。

幼稚園などの要請を受けて口演に出向く派遣童話に出かけられるよう、会員はまず、童話会が開く口演教室でノウハウを学びます。

最初に発声練習として、「アエイウエオアオ」や早口言葉、北原白秋の詩「五十音」から「あめんぼ　あかいな　あいうえお」など、基本の指導を受けます。さらに各自が勉強して月例会で会員の前でお話をして、いろいろアドバイスを受けて本番の派遣に出かけることにしています。

私が口演童話を初めて披露したのは、２００４（平成16）年7月、熊本市の画図保

3密をさけての口演風景＝五丁子ども園にて、2020年

育園でした。お話は「まんが日本昔ばなし」から「地獄のあばれもの」。閻魔《えんま》大王によって、地獄に落とされた、やぶ医者、山伏、鍛冶屋が地獄から生還するお話です。

　私もいろんなお話を取り上げてきましたが、最初はなかなか思うようにはいきませんでした。十分にお稽古して、バッチリと思っても、本番になると肝心な大事な場面が抜けたり、忘れたりで、パニックになることもありました。

　しかし、場を重ねるごとに、上手に埋め合わせたり、話を紡いでいったりとだんだんと慣れていきました。

　子どもたちは、正直で、お話が面白くなければ、途端にざわつきます。お話が面白くて、引きつけるものであれば、身じろぎもせずに聞き入ってくれます。子どもたちの反応がじかに見えて、話者もその場でいろいろ対処できるのが、口演童話の良さでもあります。

お話が終わった時に「もっとおはなししてよ」とか、「面白かった。明日また来てね」と子どもたちに喜んでもらえると、私たちもパワーをもらいます。

子どもたちに、優しさと思いやりや集中力などが培えるように、全力でお話をするよう心がけています。

現在は、長引くコロナ禍で、思うような活動はできませんが、通常は「要請がある所へ、いつでもどこへでもお話に出かけます」との合言葉で、あちこちへ伺っております。

感染者が低年齢層にも広がってくると、今度は高齢者が多い会員の健康も考慮せねばなりません。一日も早いコロナの収束を願い、本格的な活動が再開できる日を心待ちにしています。

地味でも末永く活動を

2007（平成19）年10月、熊日童話会は、財団法人熊本公徳会から熊本公徳賞をいただきました。

この賞は教育や文化、スポーツなどに功績があった個人・団体を顕彰するもので、当時が第5回でした。童話会は「子どもに感動を与える口演活動を年間150回以上行い、しかも半世紀以上にわたり活動している」と評価されました。ブラジルの熊本県文化交流協会理事長・日下野良武さんも同時に受賞しました。

贈呈式は熊本市のホテル日航熊本であり、童話会の米原亀生会長（当時85歳、故人）と一緒に事務局長だった私も出席しました。表彰状を手渡してくださったのが、当時の熊本公徳会理事長で今は亡き永野光哉熊日名誉会長でした。米原会長が「活動が認められ光栄です。童話会の歴史を踏まえ頑張ります」と謝辞を述べました。

永野光哉・熊本公徳会理事長（左）から記念の盾を受け取る熊日童話会の米原亀生会長（左から2人目）。右端が筆者＝2007年、熊本市のホテル日航熊本

こんな栄えある賞をいただけましたのも、歴代の熊日の社長様をはじめ、文化生活部の部長さんや担当の木村好江さん、事業局の方々の協力とバックアップのたまものと、感謝の気持ちでいっぱいになりました。

この賞に恥じないように、ますます活動の場を広げ、一人でも多いお話好き、読書好きな子が増えてくれることを願いました。

「継続は力なり」を合言葉に、未来を担う子どもたちのために、地味でも末永く活動を続けていこうとの思いを深めました。

いろいろな方々との関わりの中で、学び、自分自身も向上できたのではないかと改めて人々との交わりの大切さを感じています。

しかし、現在子どもたちを取り巻く環境があまりにも急変して、お話だけでは、満足してくれないようになってきました。

パソコン、ゲーム機、スマートフォン、タブレットなどの出現で、子どもたちは、あまりにも便利で興味をそそられるメジャーな機器とともに過ごす時間が増えてきました。利点もたくさんありますが、残念なことに、日常生活の中でコミュニケーションの取れない子が増えてきたように思います。

「せめてお話の世界から相手を思いやる心や優しさ、善悪が分かる子が育ってくれたらいいなあ」と思うことしきりです。

無限の可能性がある子どもたちがスマホなどに振り回されることなく、未来に貢献できる人に成長してくれることを願うばかりです。

熊本城を創作童話に

熊本城の築城400年記念行事の一環として、熊日童話会は小・中・高校生を対象に「熊本城のお話をつくろう」と創作童話を募集しました。2007（平成19）年7月のことです。

熊日に募集記事を載せてもらってから締め切りまで1カ月半。時間の余裕はないままスタートしました。04年から事務局長を務めていた私は会員と一緒に、教育委員会や各学校、会員の身内や身近な人たちなど、たくさんの方々に原稿募集のパンフレットやチラシを持ってお願いして回りました。

果たしてどれくらい応募があるか、不安で郵便ポストをのぞきに行くのが日課になりました。締め切り間際にどっと集まって、計254通になり、ホッとひと安心しました。

1次選考で30通に絞ったのですが、どの作品も発想が面白く、文章も上手で選ぶのに苦労しました。「熊本城が耐震ぎそう」「せんぷうきから出てきたトラ」など、とても奇抜なものや、素晴らしい作品がたくさんありました。

最終審査は、甲佐町出身の児童文学作家、丘修三先生にお願いしましたが、丘先生

熊本城にちなんだ創作童話の入賞者と選者の丘修三さん（中央）＝2007年10月、熊日本社

も甲乙つけがたく、苦労したそうです。入賞作17点を選んでいただきました。

最高賞の熊日童話会賞は、当時、熊本市立西原中1年の福山真理菜さんの「かっぱと黒武者（くろむさ）」。相撲好きのかっぱが加藤清正の家来で大男の黒武者に挑んだお話です。対決が面白く描かれ、その場面が目の前に現れるようでした。

熊日賞は、熊本大附属小4年だった永尾香理さんの「香理ちゃんとおとの様」。突然、庭に開いた大きな穴に飛び込むと、熊本城に通じていて、清正公と一緒に鬼退治へ…というストーリー。こちらもなかなか発想が面白く、臨場感もありました。

入賞作は翌08年4月から8月まで「くまにち童話　熊本城ものがたり」と題して熊日に掲載されました。

15年たった今、読み返してみても、どれも個性があって夢があり、表現力のうまさにも感心しました。できればもう一度、天守閣が復旧した熊本城を記念してお話を募集してみるのもいいかなと、あらためて思いました。

厚かましくもたくさんの企業に協賛をお願いし、賞品をご提供いただきました。本当にありがとうございました。表彰された子どもたちのうれしそうな顔が今でも目に浮かびます。

願いむなしく逝った長女

体格も良く、病気一つしたことのない長女が突然倒れました。2007（平成19）年10月末、少し肌寒い夜でした。

長女は孫娘に「早くお風呂に入りなさい」と言って、玄関の外に出ました。私は、夕食の片付けが済んだばかりでしたが、玄関の前から異様な声がするので、慌てて玄関のドアを開けようとしましたが、開きません。急いで同じマンションの7階に住む次女に電話をかけました。

「母さん、大変！　姉ちゃんが、姉ちゃんが！」

私は「早くドアを開けて！」と叫びました。次女はやっとのことで長女を動かして外からドアを開けました。見ると嘔吐《おうと》がひどい。

藤崎八旛宮例大祭に親子で参加した長女と孫娘＝2005年

孫娘が「くも膜下出血じゃない？」。症状としては確かにそうだと思っても、わが子のことになると頭は真っ白。救急車を呼ぶことしか頭に浮かばず、やがて救急車が来て熊本赤十字病院に搬送されました。

しかし出血多量で、肺水腫を起こして手術不能。みんなの願いもむなしく帰らぬ人となりました。47歳でした。

中1の一人娘を残して別れねばならなかった長女はさぞ無念だったと思います。何度も私が代わってやればよかったと思いましたが、しょせんかなわぬこと。もっと寄り添ってあげていればと後悔のみが残りました。

私は04年に童話会の口演教室に入り、語ることに興味が湧いて面白さが分かりかけたときでした。しかし、創作の意欲も薄れ、口演の勉強に参加することさえ、おっくうになりました。

長女は鶴屋の医務室に看護師として8年間勤務し、お世話になりました。引っ越しの多かった娘には、家から職場は近いし、新しいマンションに住み始めて1年、喜んでいましたのに残念でした。

「職場の方々はみんな優しくて、とても働きやすい。やっと安住の地ができた」と言っていたのに、運命のいたずらを恨まずにはいられませんでした。

その節は社長様をはじめ人事の方々、たくさんの方々に本当にお世話になりました。親切がこれほど、ありがたく身にしみたことはありませんでした。

２０２２（令和４）年は鶴屋創業70周年。安政町の蓮政寺で、物故者の供養の会に案内いただきました。娘は短い間でしたが、皆さまと一緒に働けたことをきっと喜んでいるでしょう。

おかげで孫娘も心優しい子に育ち、今はコロナ禍で仕事も大変ですが、薬剤師として頑張っています。

50年余、絆を育んだ菊鹿会

「こんな会があるから入会しませんか」。私と同じ旧菊鹿町阿佐古出身の渡邊恵さんから、菊鹿会へお誘いを受けました。1975（昭和50）年でした。

菊鹿会は、年に1度、熊本市在住で旧菊鹿町の城北、内田、六郷地区の出身者が一堂に集まり、望郷に浸る親睦会です。発足50年余になります。

旧菊鹿町は、2005（平成17）年1月の鹿本郡市1市4町の合併で山鹿市菊鹿町になりました。菊鹿会には市長さんをはじめ山鹿市関係の方々なども出席され、市政の現状報告などがあります。

これまで何度か、城北出身の故松野頼三代議士、息子の頼久氏、菊鹿町の隣の旧鹿本町出身で元熊本市長の故星子敏雄氏、旧鹿本町長から山鹿市長になった中嶋憲正氏なども参加され、花を添えていただきました。

そのうちに故郷のため何か役に立つことをしようと役員一同、寄付を募り、手始めに地元在住の世話人・小林博臣氏が中心になって、ソバを育てられましたが、気候不順で、なかなか思うようにはいかず、ご苦労をかけました。

菊鹿会の会長を長年務められた杉養蜂園の創業者、杉武男氏は、すごく行動派で冒険家でもありました。80歳を過ぎてもなお、かくしゃくとして世界をまたにかけて活躍されていました。かばん持ちでもよいから、いつかご一緒したい、サクセス・ストーリーでも書きたいなどと申したこともありましたが、2023（令和5）年4月、

第50回の菊鹿会総会。前列左から4人目が筆者。中嶋市長、蒲島知事も同席＝2019年、熊本市

突然88歳で逝去されました。

08年、菊鹿会の世話人会を地元の菊翠苑で開いている時にお見えになったのが蒲島郁夫氏でした。旧鹿本郡稲田村出身で、鹿本高の同窓生でもあります。初めてお会いした時の印象は、素朴で朴訥《ぼくとつ》、そして誠実な方でした。

この年の知事選に立候補するとのことで、鹿本高の同窓生はたくさんいますし、応援することになりました。めでたく当選され、みんな躍り上がり喜び合いました。

今は地震、水害、コロナ対策と多難続きですが、困難を乗り越え、県民のため頑張っていただいています。私たち郷里の誇りです。

菊鹿会は19年に50回目の総会を開いたのが最後で、その後はコロナ禍で開催できていません。50年余り続いた会でしたが、会員の高齢化や諸事情で幕を閉じることになりました。これまでの絆を大切にしていきたいと思っています。

お話と創作は〝車の両輪〟

熊日童話会は熊本県教育委員会の要請で、２００８（平成20）年11月、茨城県で開かれた「第23回国民文化祭・いばらき」に参加しました。

童話会が国民文化祭に参加したのは初めてでした。この時は、全国から約4万1千人が集まったそうです。たくさんの行事のうち、語り部などが集う民話フェスティバルに参加しました。

メンバーは7人。熊本本部の吉永千草さんと、球磨支部の那須律子さんが口演童話を披露することにしました。当時の米原亀生会長と田野通子さん、山元和代さん、本山佐和子さん、そして私が随行しました。

何しろ会場の東海村に行くのは初めてのこと。上野駅で常磐線に乗り換えて、やっと東海駅に着くことができました。

駅では、村役場職員の方が出迎えてくださり、その夜は、村の婦人会の方々に真心のこもった手作りの料理で、もてなしていただきました。全国あちこちから参加した懇親会で、自己紹介から雑談などで盛り上がりました。

村長さんは、石原慎太郎氏を少しふっくらしたような風貌で、終始にこにこされて

東海村で開かれた民話フェスティバル（左から3人目が村長さん）

いて、今でも穏やかな顔が目に浮かんできます。

民話フェスティバルは東海文化センターで開催されました。吉永さんが「わしの卵」、那須さんが「じゃおん前の太郎」を披露しました。大勢の前でのお話とあって、2人ともベテランとはいえ、かなり神経を使われたことと思いました。

全国各地の珍しい民話や紙芝居、人形劇、ミュージカルのほか、地元小学生の歌や踊りもあり、バラエティーに富んだ文化祭になりました。

さすがに東北弁による民話は聞きづらかったのですが、地元では語り部のおばあさんに話を聞くバスツアーもふだんから企画されているとか。驚きや知らないこと、学ぶことが多々ありました。

一方で、私たち熊日童話会は、お話あり、創作ありで、決してよそに負けない活動をしていると実感しました。お話と創作童話の2本柱で「車の両輪の如《ごと》く」活動している会は全国的にも珍しいのではないかと自信も湧いてきました。

子どもたちを取り巻く環境も大きく様変わりした中で、私たちの役目は、これからもっと大切なものになるのではないかと改めて、活動の大切さを痛感して帰路につきました。

60年記念はノッポさんと

熊日童話会の創立60年記念行事として思い出になる企画をしようと、2012（平成24）年5月、俳優の高見のっぽさんを迎えて記念公演を催しました。童話会始まって以来の一大イベントです。

当時の熊本近代文学館長、井上智重氏に相談し、アイデアを出してもらいました。高見さんは、NHKの幼児番組「なにしてあそぼう」「できるかな」で20年以上、「ノッポさん」として活躍しました。ひと言も話さずに鮮やかに工作をする姿は、皆さんもよく覚えておいででしょう。

ノッポさんの御父様は日本映画の黎明期《れいめい》に活躍した熊本市出身の役者・柳妻《やなづま》麗三郎氏。熊本とは縁が深いのです。ノッポさんは高見映の名で多くの放送台本や児童書、エッセーなども手がけておられます。

ノッポさんが客席から登場すると、大きな歓声が上がった＝2012年5月、熊本市

ノッポさんは知名度も高いし、記念公演にはもってこいと、事務局長の私は早速交渉にかかりました。何しろ東京在住で連絡もままならない中でしたが、短時間でプログラムを考えてくださいました。さすがはノッポさん。

会場は、熊本市の森都心プラザ。園児にも参加してもらおうと、派遣童話でお世話になっている春日保育園に協力をお願いしました。

当日は、まず会員が子どもの人形を使った腹話術で熊日童話会の歴史を紹介。客席からノッポさんが踊りながら登場し、観客と握手したり、子どもを抱き上げたりしながらステージへ。

会員とノッポさんのコラボでマジックやパズルなどを披露しました。ノッポさんの紙芝居やタップダンスは見事。アシスタントの古家貴代美さんと演じた「おんぶおばけ」は息もぴったり。園児たちによるジャンベ演奏はかわいらしく、会員や参加者を交えての演劇「大きなかぶ」など、バラエティーに富み、盛り上がりました。

会員の那須律子さんによるお話や、米原亀生・元会長による兵法二天一流の演武もありました。ともに先立たれましたが、懐かしく思い出されます。

ノッポさんは多くの来場者と握手し、中には感動の涙を流す人もいました。苦労や心労、反省点もいろいろありましたが、何とか無事に終えることができました。

できることなら、もう一度、ノッポさんをお呼びしたいと思いましたが、残念ながら2022年の9月10日に亡くなられ、後日訃報を聞いてびっくりしました。熊日童話会の記念誌「夢はぐくむ」に寄稿文を頂いた直後のことでした。ご冥福をお祈り申しあげます。

喜寿を前にマジック習う

全く無芸の私は、口演童話の際に子どもたちを退屈させないため、何かできないものかと思い、始めたのがマジックでした。2013(平成25)年、76歳ごろでした。

自宅近くの県総合福祉センター(熊本市中央区南千反畑町)でマジック教室が開かれていると聞いて、早速入会しました。講師の向井明彦先生の器用なこと、どうしたらあんな妙技ができるのか、最初は驚きの日々でした。

仲間もたくさんできて、下手でも発表会に出させていただきました。最初はシルクのハンカチやロープを使った簡単な技で、失敗もしましたが、周りの人々の演技を見ながら、いつか自分もと欲も出て、そのうちに面白さと同時に自信も度胸もつき始めました。今ではレパートリーが50くらいあります。

向井マジック教室合同発表会で愛好会のメンバーと＝2015年

また、中央公民館ではハーモニカの勉強をして、愛好家グループ「さつき倶楽部」の仲間になり、ボランティア活動を始めました。高齢者施設では、3人でチームを組んで、2人はハーモニカ5曲、私は4曲演奏して、最後にマジックを披露します。

最初は、どちらも思うようには、いきませんでしたが、ハーモニカ教室の福田徹志先生には、とても優しくサポートしていただきました。施設までの送迎等、よく面倒を見てくれますし、仲間の方もみんな心優しい方ばかりなので、楽しくボランティアができます。

ただ、現在はコロナ禍の中、活動を中止していますが、いつでも再開できるように練習だけはやっています。

笑い話の一コマ。

ある小学校の児童育成クラブに出かけたときのことです。お話の後、シルクからひよこを出したり、シルクを飛ばしたりと、拙いマジックを披露しました。すると、不思議そうに見ていた男の子が「ねえ、ネタを教えてよ」と言うのです。

私が「そうね、今日は時間がないから、今度来た時ね」と答えると、「遅くなってもいいから、今教えてよ。ぼく貯金がいっぱいあるから、お金はいくらでも払うから」とせがむのです。

ネタが分かれば何でもないのに、マジックとはよく言ったもので、本当に不思議で奥深いものがあります。

頭も手先も使うので認知症予防にはもってこいの趣味。やっていてよかったと、つくづく思うこの頃です。

思い出の母校、胸に刻み

まさかわが母校が！　思いもしなかった現実を突きつけられて、いよいよ来たかと無念の気持ちでいっぱいになりました。

山鹿市菊鹿町の母校・城北小と六郷小、内田小の3校が2016(平成28)年4月に統合し、菊鹿小として再出発することになったのです。

全国的な少子化、あちこちの小学校が統廃合で消えていく中、致し方がないと言えばそれまでですが、せめて母校だけは残してほしいとの思いが募っていました。

その数年前、熊日童話会会員の山元和代さん(故人)と城北小にお話に行った時、新入生が減ってしまったと聞いていましたが、まさか本当に閉校になるとは思いもしませんでした。

109年の歴史を誇る母校が消えうせるなんて、断腸の思いでした。長年、たくさんの子どもたちを学ばせ、遊ばせてくれた思い出多い学校は、私たち同窓生にとってかけがえのない貴重な存在でした。

そこで閉校前年の15年に毎年恒例の「秋の童

旧菊鹿町の3小学校の閉校を前に開いた熊日童話会「秋のまつり」を終えて＝2015年11月、菊鹿町公民館

話まつり」を菊鹿町で開催できたらと思い、各校の校長先生に相談したのです。

各校から児童の話者を選び、会員のお話やパネルシアターなどの出し物で心に残る公演にしてあげたいと考えました。先生方の快諾を得て、会場は菊鹿市民センターにお願いして菊鹿町公民館を貸していただきました。

できるだけたくさんの子どもたちに来てもらおうと、くまモンの登場もお願いしたのですが、当日は行事が多くてかなわず、代わりに熊日のぷれすけ君が彩りを添えてくれました。当時の中嶋憲正市長には、ごあいさつを頂戴しました。

話者となった各校の児童3人は心を込めて表現しました。内田小の古家大嗣君（当時1年）は「おにょりつよいおよめさん」を手ぶりを交えて熱演しました。

六郷小の原口一花さん（5年）は、松の木が水俣病で家族を失った少女を見つめる「みなまたの木」を情感豊かに披露。城北小の林田英実奈さん（5年）は脳腫瘍で亡くなった少女が主人公の「いのちのいろえんぴつ」です。病魔と闘いながら詩と絵で「命のメッセージ」を伝える少女への思いが込められていました。

来場者の中には涙ぐむ人もいて、深く胸に刻まれた催しになったと思います。

新しい菊鹿小は「あんずの丘」のすぐそばに建てられ、私の郷里の阿佐古地区からは近くなりましたが、かなり遠くなった集落はスクールバスが交通手段となりました。

身を寄せ合い励まし合い

２０１６（平成28）年4月14日午後9時26分、突然の横揺れにテーブルの下に頭を突っ込み、しばらく様子を見ました。熊本地震の前震でした。ひとまず持ち出す物をひとまとめにして次女、孫娘、私と「川の字」になって眠ることにしました。

1日おいてひと寝入りしたかと思ったら、今度はドーンと突き上げる揺れに襲われました。16日午前1時25分、本震発生でした。横揺れもひどくて起き上がれません。枕元に置いたはずの携帯電話が見つからない。孫が自分の携帯で明かりをつけて探すと、かなり遠くまで飛ばされていました。

あまりにも揺れがひどいので、外に出ようと試みましたが、玄関に通じるドアが電話機の台でふさがれた状態。台所は食洗機の扉が開いたまま動かず、電子レンジも台からぶら下がって通せんぼ。次女が足場を作り、やっと玄関までたどり着きました。

わが家は8階建てマンションの最上階。エレベーターは停電で使えず外階段を次女、私、孫の順番で降り始めました。外に投げ出されないように必死につかまって、やっと地に足が着いた時は、ほっとしました。

私たちは近くの白川公園に避難しました。多くの人たちが不安そうな顔で集まって来ました。雨も降り、震えが止まらず、身を寄せ合って寒さをしのぎました。避難中も地の底から突き上げるような揺れが続き、地面がぽっかり割れて地下深く吸い込まれそうな恐怖を覚えました。

　本震から2日目はメルパルクが場所を提供されるというので、みんなでお世話になりました。トイレと水があるだけで、どんなに助かったことか。しばしの安堵《あんど》の時でした。ただ、もともと避難場所ではなく、近くの中央公民館も被災していたこともあり、結局は再び白川公園に戻って3日間ほどベンチで仮眠することになりました。

地震で被害を受けた熊本城＝2018年撮影

　その後は約1カ月、城東小の体育館でお世話になりました。段ボールベッドの避難生活は不自由ではありませんでしたが、励まし合い、みんなと一緒というだけで、心だけは穏やかでした。

　その間、わが家は温水器が壊れて水漏れ。中央区練兵町の賃貸マンションも被災して住民の方が避難されている間中、水道栓が開いて水は出っぱなしでした。こちらも全面的な水損で修理費がかさみ、大変な日に遭いました。でも命があっただけでも幸せだと、少々のことは我慢できました。

会発足の原点に思い馳せ

未曽有の被害を出した2016（平成28）年4月の熊本地震は、子どもたちの心に大きな影響を与えました。熊日童話会は苦難に直面した今だからこそ、不安な気持ちでいっぱいになっている子どもたちの心を和らげようと考えました。

いくつかの幼稚園や保育園、小学校などに訪問したいと打診してみました。ただ、趣旨は理解していただけるのですが、どこも復旧などに追われて、なかなか受け入れるのは難しいというところが多かったです。

8月17日にようやく、嘉島町の嘉島西小児童育成クラブを、会員の吉永千草さんと訪れることができました。地震後、初めての派遣活動でした。

私は「ぬちどぅたから」という話を披露しました。沖縄の言葉で「命こそ宝」という意味です。終戦を知らず、沖縄県伊江島で2年間も木の上に隠れ住んだ日本兵の実話です。

熊本地震後、初めて子どもたちにお話を届けた吉永千草さん（左）＝2016年8月、嘉島町の嘉島西小

お話の合間には絵をパネルに貼った「パネルシアター」や手品なども。「お話を聞くことで前向きに生きるヒントを得たり、明るい気持ちになったりしてほしい」と吉永さん。

10月には益城町の幼稚園・保育所3カ所を訪問できました。町立第二幼稚園には会員の田野通子さん、坂本悦子さんと3人で伺い、口演童話や手遊び、私はマジックも披露しました。

子どもたちには「お話はとっても面白かった。マジックもびっくりした」と喜んでもらえました。子どもたちの癒やしになることが何よりうれしかったです。

熊日童話会は1953（昭和28）年の6・26水害を機に発足しています。水害直後、親たちは泥土を片付ける作業などに追われ、子どもたちの面倒を見る暇もなかったそうです。発会式が開かれたのが8月4日。水害からわずか40日ほどのことでした。さらにその後、20日足らずで第1回の実演会を開いています。

創立メンバーだった当時の熊日の編集局長や論説委員、童話愛好者の方々は、不安におびえる子どもたちに何とかして早く安らぎを与えようという思いがとても強かったのでしょう。スピード感を持って会の立ち上げに取り組んだことがうかがえます。

子どもの未来を思う、その熱意こそ童話会発足の原点でしょう。当時に思いを馳《は》せながら私たちも心を新たにして、子どもたちにお話を届けました。

人に出会い輪も広がり

２０１７（平成29）年９月、県内の文化関係者でつくる県文化懇話会が顕彰する第45回県芸術功労者の一人に選ばれ、表彰されました。

「長年にわたって芸術活動に携わり、顕著な功績があった」県内在住者が選ばれます。80歳以上で、現役で活動を続け、後進の育成にも努めている人が対象という規定があります。

私は１９８３（昭和58）年、46歳の時に熊日童話会に入会して34年。事務局長を10年余、会長職として５年を務めました。幸いなことに、よくぞ今まで継続できたという思いと、知らぬ間に80歳まで生きて来られたという感慨がこみ上げてきました。

2017年に選ばれた県芸術功労者。右から2人目が筆者＝熊本市

いろいろ苦労はありましたが、たくさんの子どもたちや人々との出会いや交流、活動を通しての輪も広がり、学ぶことの楽しみも増えてまいりました。

果たして功労者にふさわしい活動をしているのか、私ごときがいただいてよいのかと自問自答しながらも喜びが湧いてきました。

実は、あまりにも身辺にいろんなことがあり、たくさんのノサリが多すぎて、70歳まで生きられるだろうかという不安もありました。でもここまで生きて来れたからこそ、栄えある功労者に選ばれたのですし、まだまだ長生きせねばという欲も出てきました。

熊日童話会の会長は長らく熊日の社長さんが務めていましたが、１９９９（平成11）年度からは会員の代表から選ぶことになり、当時の渡邉徹副会長が会長に就きました。ただ、渡邉会長が体調不良になられて以来、私が県文化協会や県文化懇話会のほとんどの会合などに出席するようになったので、たくさんの方々と知り合いになれました。

　鹿本高校の先輩である元熊本大教授の中村青史先生や公立菊池養生園名誉園長の竹熊宜孝先生など、協会や懇話会に所属していないなら一生会う機会もなかった方々ともお会いできました。

　また、この年に功労者に選ばれた14人のうち、映画評論家の園村昌弘氏は、熊日童話会の事務局長だった今は亡き峯日出夫氏の同級生でした。彫塑の高崎國正氏は私の同級生の夫、歌人の清田由井子氏（故人）は会議のたびに同席して仲良くなった方でした。いろいろなご縁を感じました。

　県文化協会、県文化懇話会での出会いで、私は成長できました。感謝の気持ちでいっぱいです。

お話と童謡は「宝箱」

　2018（平成30）年は児童文学者の鈴木三重吉が児童雑誌「赤い鳥」を創刊して100年。そこでNPO日本国際童謡館（横浜市）の大庭照子館長から「記念のイベントとして公演をやってみては」と提案がありました。

赤い鳥発刊100年で国際童謡館とのコラボで公演会を行いました

早速、童話会の役員会で相談して企画に取りかかりました。まずは会場探し。ところが、どこも見つからず、あちこち探し回りました。困っている時、手を貸していただいたのが県文化協会常務理事の小川芳宏氏（元熊日監査役）でした。熊本市現代美術館のアートロフトが唯一、空いていて、ひとまずホッとしました。

イベントの名称は会員から募集し、穴井祐美子さんの「あけてみよう！　おはなしとうたのたからばこ」に決めました。童話会の66周年記念行事、そして日本国際童謡館、県文化協会と初めて共催する形で、7月に開催しました。

当日は、子どもからお年寄りまで幅広い年代のたくさんの参加がありました。前年の県童話発表大会で最優秀賞の石井智大さん（当時、清和中1年）には「きつねにょうぼう」を見事に口演してもらいました。

童謡館の歌手梅田麻琴さんは「てのひらを太陽に」などを軽やかに歌い上げました。

童話会の会員は絵とお話を交えたパネルシアター「赤い鳥　小鳥」などを披露。まさに宝箱のふたを開けたようなバラエティーに富んだお話と童謡の演目が続き、盛り上がりました。

熊日童話会は毎年5月には総会と講師を招く講演会を開くとともに、「秋の童話まつり」を恒例の行事として開催しています。

子どもたちに、いかにして童話の世界の素晴らしさを伝え、想像の世界に誘えるかなど努力しています。しかし、いかんせん素人の集団です。その上、コロナ大流行の今日です。思うような活動ができません。

そんな中、子どもたちを取り巻く環境も大きく変化しています。インターネットやスマートフォンの世界にどっぷりはまり込み、どんどん読書離れも増え、価値観も様変わりします。

子どもたちの将来の夢に最近はユーチューバーが上位に挙がるようになりました。先端技術が身近になり、ネットやスマホなどに熱中するのも仕方ないことでしょう。

でも、たまには静かな環境で童謡を聴いたり、お話の世界に浸ったりするのも必要ではないかと思うのです。

久留島賞は会員一同で

２０１８（平成30）年11月28日、東京都千代田区の山の上ホテルであった第58回久留島武彦文化賞の贈呈式に出席しました。

まさか、こんな栄えある賞をいただくとは夢のようでした。熊日童話会に関わってきて本当に良かったと、改めて賞の重みと喜びがこみ上げてきました。

この賞は公益財団法人日本青少年文化センター（東京）が、近代児童文化の開拓者の一人で、センターの初代会長だった児童文学者・久留島武彦氏（１８７４～１９６０）の業績を記念したものです。没後の61（昭和36）年から青少年文化の向上に貢献した団体や個人に毎年贈っています。

久留島氏は大分県玖珠町の生まれで、幼少時から、お寺の説教や教会でお話を聞いて育った環境が、童話の世界に入ったきっかけだそうです。

１８９４（明治27）年、日清戦争が起こって入隊し、戦地から「尾上新兵衛」の筆名で作品を投稿して、だんだん頭角を現していかれました。

最初は「御伽草子《おとぎぞうし》」などから、後に童話を語り聞かせる口演童話を通して、日本中をお話しして回られました。26（大正15）年、高知県の公会堂で開かれた講演会には

久留島武彦文化賞を受賞しました＝2018年11月、東京都

数百人も集まり、会場の床が抜け落ちたといわれ、当時の人気の高さがうかがえます。

童謡「夕やけ小やけ」の作詞者でもあり、「日本のアンデルセン」とたたえられる方です。座右の銘として「継続は力なり」「身動かざれば、心動かず」という言葉を残されています。

いつも子どもたちのことを思い、口演童話を定着された偉業は大きいものでした。熊日童話会もその流れを受け継いでおります。

贈呈式では、選考委員の絵本作家・結城昌子氏が「長年、子どもたちの集中力や想像力を育む語り聞かせを続けており、地震の際は被災者に安らぎも与えた」と受賞理由を述べられました。

これまで熊本県関係では78年に熊日童話会が団体として受賞したほか、児童文学者の上村てる緒氏、歌手の大庭照子氏、影絵劇サークルまつぼっくり、「昔話を楽しむ九州交流会」に贈られました。

私の受賞も、決して一人だけの力ではなく、会員一同の努力のたまものと思います。賞に見合うように微力ながらこれからも一生懸命活動していきます。

コロナ禍ではやむなく

2020年2月から国内でも新型コロナウイルス感染症が流行し始めました。感染者が次第に増え、ついには死者も。横浜沖に停泊したクルーズ船では大勢の乗客が感染し、集団で感染するクラスターもあちこちで起こりました。

それからというもの、みんな戦々恐々として3密を避け、マスクを必ず着用し、無用な外出や旅行は自粛するという耐乏生活が始まりました。しかし、ウイルスの変異株も猛威を振るい始めて、なかなか収束のめどがつきません。

私たち熊日童話会は幼稚園や保育園、児童育成クラブなどから派遣要請を受けて、お話に伺います。子どもたちが待ってくれていますので、ぜひ行きたいのですが、「もし大人の私たちからクラスターを起こすようなことになったら」という懸念から、やむなく依頼を断ることも多く、思うように活動できません。

派遣部長の田野通子さんには、派遣先への連絡や熊日への連絡など、全てコロナの

お話は十分に距離をとって＝2020年11月、熊本市北区の五丁こども園

動向次第にしてもらうようにしました。

口演教室担当の長谷純子さん、月例会担当の坂本悦子さんも様子を見ながら、直前に取りやめるなど、主任の皆さんには、いろいろご苦労をかけています。

恒例の総会も、書面決議で済ませ、「秋の童話まつり」も計画通りにはいかずに振り回されました。

そんな中で２０２１年11月には少し流行が落ち着いていたので、２年ぶりに「秋のまつり」を熊本市の市民会館シアーズホーム夢ホール大会議室で開催できました。

ただ、熊本市教育委員会が毎年開いている熊本市童話コンクールで優勝した児童たちに、いつも「秋のまつり」へ出演をお願いしていたのですが、コンクールが中止になった関係で、依頼できませんでした。

そこで童話会顧問の吉永千草さんの出番です。吉永さんは熊本市北区植木町の山東小が開く「校内童話コンクール」の審査員を毎年務めていて、山東小にお願いしてもらいました。児童4人のほか、御幸小からも1人出演してもらうことができ、ほっとしました。

コロナの流行が高齢者から、小学生や幼児にも広がってくると、今度は会員の感染が心配になり、しばらくは状況判断しながら活動しようと決めました。

よく思うのですが、優秀な人材がいる日本ですから、外国製ワクチンに莫大《ばくだい》な予算を費やすのではなく、一日でも早く国産のワクチンを開発、製造して国民に行き渡らせてほしいものです。

読書の喜び、お話の楽しさ

熊日童話会恒例の「秋の童話まつり」を2022年11月27日は、熊本市の市民会館シアーズホーム夢ホールの大会議室で開きました。コロナ禍で2020年は見送りましたが、70回目の今年は、昨年秋に続き開催できて、ひとまずホッとしています。

本格的に「秋の童話まつり」を始めたのが1999（平成11）年11月、会場は旧牛深市（天草市）のうしぶか海彩館でした。

「秋の童話まつり」を終えて、子どもたちと＝2022年11月27日、熊本市

　前年までの「秋の童話会」を一新し、出演者数や童話数を大幅に増やしました。地元小学校の児童たちにも口演発表で出演してもらい、会員の演目も充実させてのスタートでした。

　翌年以降は小国町、玉名市、旧大矢野町、水俣市、多良木町を始めとする球磨郡、旧本渡市、宇土市、そして天草市と県内各地で開き、２００８年からは童話会の各支部、熊本本部がそれぞれ「秋の童話まつり」を開くことにしました。いつも会場は、会員持ち寄りの花が華やかに彩ってくれています。

　秋の童話まつりは、童話会にとって年間の一大イベントです。親子連れや一般の方々に口演童話をはじめ、童話会の活動をじかに見てもらえる絶好の機会でもあります。

　また、県童話発表大会や熊本市童話コンクールなどで入賞した児童たちを招き、お話を披露してもらうのも大きな特徴です。

県童話発表大会は当初、県立図書館が「童話コンクール」の名称で、1960（昭和35）年から子どもの読書意欲を高め、豊かな心を育てようと開いてきました。

読書活動と童話会をつないだのが当時、県立図書館司書で、童話会に入会し、後に合志町図書館長などを務めた小玉理英子氏でした。〝口演童話の達人〟といわれた牧田正臣会長に指導を仰いで、熊日童話会が全面的に協力して審査員も務めてきたのです。

子どもたちが読んで面白かった本を、今度はお話の形で披露し、ほかの友だちに勧めて、読んでもらう。そうした相乗効果が期待されるというわけです。

図書館、童話会はそれぞれ、読書の喜びやお話の楽しさを広げていきました。

2022年の「秋の童話まつり」は公募した熊本市内の小学生4人が口演童話を披露してくれました。いつも通り冒頭で「熊日童話会の歌」を唱和し、会員も口演童話を披露しました。皆さん、毎年11月に開催する予定の「秋の童話まつり」にぜひお越しください。

想像力豊かに、心優しく

戦後78年、日本をはじめ世界情勢も大きく様変わりしました。戦中戦後の物資不足、食うや食わずの耐乏の生活から、想像もつかない経済成長を遂げ、衣食住にも事欠かなくなった半面、心の貧困が取り沙汰されるようになりました。

そんな中で追い打ちをかけるように新型コロナが大流行し、子どもたちを取り巻く環境も様変わりして、パソコンやスマホの世界に虜《とりこ》になってしまう子も増えてきたように思います。

コロナの流行から3年近くになります。いつもマスクを着け、大きな声は慎み、運動もままならない中で、子どもたちもストレスが増え、家庭では専らゲームに熱中する姿が見られるようになりました。

時間を忘れるほど魅力的なメディア機器に中毒状態の子どもたちが、ゲームの世界と現実との区別がつかない中で、何でもないことに切れたり怒り出したり。ひと昔前までは考えられないことがだんだん増えているように思われます。

現代社会では、切っても切れないメディア機器の中で、子どもたちが正常な日常を送れるように、大人たちが真剣に考えるときではないかと思います。

タブレットの全員配布で授業もオンライン化され、良い面もたくさんありますが、それ以上に弊害も増え始めているようです。

最近は「泣く子も黙るスマホ」といわれます。泣きやまない赤ちゃんにスマホを見せると、途端に泣きやみ、機嫌が良くなるというのです。まるで魔法の機器ですが、その怖さを知るのは、あとしばらくしてからではないでしょうか。

高度成長した社会で、きちんとした政策を進めていただき、未来を担う子どもたちが国を動かすような素晴らしい発明をして、ＡＩを駆使し、世界平和につないでいってくれたら、悲惨な戦争もなくなるのではないかと思います。

無限の可能性を持つ子どもたちに負の遺産を残すのではなく、みんなが幸せになれる社会づくりに向かっていく道筋をつくってあげるのが、私たち大人の責務と思います。

私たち熊日童話会は先輩たちが長年紡いできたお話の火をともし続けるべく、微力

お話を聞く子どもたち＝山鹿市菊鹿町の旧城北小

ですが、お話の世界から、協調性や思いやりの心、言葉を大切にする想像力豊かな心優しい子が増えることを願って頑張ります。

童話会は出会いの源泉

人生100年には到底及ばないことだと思いますが、周りの人々の支えがあって、私は今日まで生きて来られました。看護師時代には良い職場にも恵まれ、すてきな人たちと巡り合えたことは私の宝物です。

巡回診療の出張で家を空けることが多く、子どもたちには随分寂しい思いや不自由をさせました。しかし、道を踏み外すこともなく、親にも心配かけない子に成長してくれて、今では、身に余る親孝行をしてくれています。

私は、熊日童話会と関わり始めて以来40年。趣味も兼ねて会のお世話に明け暮れています。童話会との出会いが、たくさんの人々との出会いの源泉となりましたし、私の人生を彩ってくれました。

熊日童話会との縁がなかったら、県芸術功労者に選ばれたり、久留島武彦文化賞をいただいたりすることはなかったと思います。感謝感謝です。

「秋の童話まつり」を終えた会員らと筆者（前列左端）＝2022年11月27日、熊本市

会長の仕事は事務局長のころから代理で長く務めていたので、特別の苦労はありませんでしたが、大きなイベントでは予算面や交渉事など慣れないことも多く、心労が続きました。

会員の減少や高齢化に伴い、派遣活動も心配されます。新型コロナウイルスが流行してからは、恒例の総会や行事にも影響が出ていて、いつもアンテナを張って、落ち度がないように気をつけています。

コロナ禍の中でもオンラインによるお話ができないものかと模索中です。今、子どもたちには1人1台ずつタブレット端末が配布されています。これを活用して、例えば夕方の30分間でもいいから、お話の時間ができたらいいなあ、と願望を持っています。

ただ、今の子どもたちはあまりにも恵まれ過ぎて、苦労を知らない子が多いようです。「苦労は買ってでも」といわれるくらい、苦労は人の心に強さと糧を与えてくれると思います。

逆境にも負けない強い子を！　人を思いやる優しさを！　人を傷つけない言葉の選び方など、お話の世界から学んでくれるよう、子どもたちを応援したいです。

昔のようにあちこちで開かれるような魅力ある童話会にしたいものです。未来を担う子どもたちのため、私は残された人生を全力投球して、お話の素晴らしさを伝え続けていきたいと思っています。

思い出の写真

水前寺交差点近くにあった簡易保険診療所

九州かんぽの宿同好会　かんぽの宿柳川にて　2018年5月8日

診療所親睦旅行　北陸の旅　2001年2月3日

熊本簡易保険診療所の OB 会　2003年

長姉（左）と母

兄夫婦とフラワーヒルにて　2001年

孫の運動会の打ち上げで
2000年10月9日

久しぶりに義弟2人と姉と私（姪の結婚式前日に神戸にて）2005年

娘達のいとこ会

家族新年会　グレーシアにて

2023年の熊日童話会総会後、講演をしていただいた海沼理事長も一緒に

第64回秋の童話まつり　2016年（熊本市立図書館2F ホール）

高木昌男先生百歳のお祝いの会

ノッポさんといっしょに
森都心プラザホール　2012年5月13日

熊本城ふれあいフェスティバルでのハーモニカ演奏

琴伝流大正琴熊本会のコンサートで村本先生と講座生　2011年

音羽ゆりかご会創立90周年コンサート後の１枚
中央に大庭照子さん、右端は私

創作童話集

勝利の女神

運動会を一カ月後に控えた放課後、先生は当日の役割分担を決めるように言われた。

全て、生徒の自主性を重要視される先生は、まず応援団長、副団長（赤・白）、騎馬戦主将（赤・白）、放送係、救護班、準備係、スタート・ゴール係、その他と黒板に書かれた。

みんなそれぞれ好きな係に名前を書き込んでいった。

腕力とけんかだけには負けない自信がある私は、騎馬戦の主将になりたかった。しかし、私の体重では無理だ。悩みに悩んだあげく放送係に名前を入れた。

ところが、応援団長の希望者がいない。なかなか決まらないのにいらついたのか、白団はスポーツ万能の神山君が名乗りをあげた。

さて、赤団は……

みんなの顔が私に向いた。

「美佳しかいないよ。やってよ」

「いやだよ。絶対やらないよ」

断ってはみたものの（みんながそうまで言うのならやってみるか）、私は意を決して引き受けた。大きな体と声だけには自信があるけど、みんなをまとめられるか不安だった。

早速、翌日の放課後から練習開始だ。ところが、最初の赤団の看板作りからハプニングがおきた。赤団なのに、麗奈ちゃんは、

「白のうさぎがいい」と言いだした。

「火を吐く龍の方が強くて格好いいじゃない」と大ちゃんは言う。

赤団の意見は二分した。

両者とも一歩も引かないまま数日が過ぎてしまった。その上、ダンスリーダーも、今はやりのテンポの早い曲を選んでくる。高学年は覚えられるにしても低学年には無理だ。白団は、既に看板も決まってダンスの練習に取りかかっている。いろいろ考えると夜も眠れない。日ごろはあまりくよくよしない性格なのに、そんな私があせりといら立ちで胃まで痛くなった。

そんな時、家でも母が、私が応援団長になったことを誰から聞いたのか、

「応援団の方はうまくいっているの。大丈夫なの」と、追い討ちをかけるように尋ねる。

「かあさんに関係ないでしょう。ほっといてよ」

私の気持ちも知らないでと思うと、余

計に苛々は募るばかりだった。

時間ばかりが、容赦なく過ぎていく。

先生も心配そうだったが、あえて口出しされない。

（こんな時、先生のアドバイスがあれば、みんな言うことを聞いてくれるだろうに）と、先生に対しても腹がたってくる。わが家でも、心配そうなおばあさんに対して当たり散らす日が続いた。

あまりにいらつく私をみかねて、母は気分転換と言って、日曜日に海へ連れて行ってくれた。早朝の海は青く、波は静かだった。

ゆったりゆったり寄せては返す白波は、私の悩みを分かってくれているかのようだった。

「たすけて！　たすけてよ……」

私は思いっきり海へ向かって叫んだ。入り江の向こうの山から悲しげなこだまが返ってきた。

今度は大きな声で叫んだ。

「ばかやろう！　ばかやろう……」

大きなこだまが、そっくり私に返ってきた。

ぽろぽろ涙が流れた。自分が赤団をまとめられない不甲斐なさと悔しさに……。

私は思いっきり泣いた。

泣き叫んだあと、もやもやが少しは吹

き飛んだ。

青い海の上を飛び回るカモメやトンビ、漁をする船などを見ていると、たかが運動会の応援くらいで悩んでいる自分が小さく愚かに思えてきた。

（肩の力を抜いてやるだけやれば、なるようになるよ）

かもめたちは美佳の頭上を飛び回り励ますかのように鳴いている。

仕事で忙しい母にとっては、貴重な休みの日だったが終日、私に付き合ってくれた。

私は海辺で貝殻や石を拾ったり、蟹と遊んだりしてゆったりと過ごし、海から帰る頃には私の心はかなり落ち着いていていて、穏やかになっていた。

翌日、私はみんなの意見もよく聞いて話し合った。みんな一理ある。そこで、チームリーダーに、全てを任せることにした。

すると、みんなそれぞれ知恵を出し合って、良いアイデアが出始めた。

赤団の看板は、立ち姿の白兎を中心に大きく描いて、回りを赤の薔薇で囲み、結構華やかな看板になった。

それにダンスの方も指導者の先生をはじめチームリーダーのもとで、一、二年生も難しい曲に結構乗っている。男の子たちも腰をふりふり、みんな楽しそうに踊るようになった。

三三七拍子も上手に合いの手を入れてくれる。暑さにだらけたり、言うことを聞いてくれない時もあったが、赤団のまとまりは日ごとによくなっていった。廊下ですれ違う下級生も口々に、「美佳先輩がんばろうね」と明るい声であいさつする。

（これでまとまる）自信がわいてきた。

白団の男の子たちは
「女団長の赤団なんかには絶対に負けないぞ」

と闘志をむき出しにして、挑戦的な言葉を発する。

いつも男の子たちとけんかばかりやっている私は、そんな言葉を聞けば、意地が出て練習にも力が入り出した。

それに、あこがれの人でもあった神山君があまりにも堂々としてうまくやっているのを見て、自ずと闘志がわいてきた。

（相手に不足はない。こうなったら、なりふり構わずやるしかない）

私は腹をくくった。

いよいよ小学校最後の運動会の日となった。

出かける前に仏壇に手を合わせた。

（頑張るんだぞ、美佳。父さんが応援

してるからな）

遺影から父さんの声がしたようだった。

少々の不安はあったが、私の足は軽く、心もさわやかだった。

町の中心部で生徒数も少ない学校なので、出番も多い。赤、白クラスを二分した戦いが始まった。

みんなが必死に走る。踊る。そして応援する。赤、白の得点が掲示されるたびに歓声が上がる。午前最後の騎馬戦は、千葉城の戦いだ。家来は両者共、必死に戦って総崩れとなった。そして、二回とも最後は大将同士の一騎打ちとなった。白団は冑《かぶと》が取られないように、下地に一工夫しての作戦勝ちだった。悔しかったが負けは負け。午前の段階では、白団が僅《わず》かの差で勝っていた。

昼食は、母の心のこもった手料理で、私の好きな卵焼きに鶏の空揚げ、ハムにソーセージと、色とりどりの豪華版だったが、午後一番にひかえている応援合戦を前に、食事はあまりのどを通らなかった。

午後の部になり、先生から長い長いタスキをかけていただいた。頭に真っ赤なはちまきをきりりと結び、足までたれるタスキ、満足感が走る。

「格好いいぞ、がんばるんだぞ」

　先生に背中を押されて、私は応援合戦に臨んだ。目の前に聳《そび》えるお城に一礼して、勝利を祈った。吹き下ろす風はさわやかだった。

　最初は、白団の応援だ。少しの失敗はあったがほぼ完璧だった。

　いよいよ赤団の出番となった。

「そーれ、いくよー！」

　赤いタスキの尾をなびかせて、私は走って赤団の前に立った。

　そして、お城まで届きそうな声で、

「赤団の勝利を祈って～ふれ～ふれ～赤団！　ふれ～ふれ～赤団！　ふれっふれっ赤団！　白団の健闘を祈って～ふれ～ふれ～白団！　ふれっふれっ白団！」

　持ち前の美声に「おお！」と歓声が上がった。

　心は高揚していたが、私は自分でも驚くくらいすごく冷静だった。亡くなった父がずーっと横に立っているような、そして、お城の若武者に後ろから支えられているような気がして練習の時よりずーっと落ち着いていた。目の前にいる母たちの姿さえオーバーラップして見えた。母は、ハンカチで目を押さえている。

　先生も目を潤ませて笑顔でエールを送ってくれていた。白団の親さえ、惜しみなく拍手を送ってくれている。それに、赤団は一年生から高学年まで見事にまとまり、今までにない素晴らしい最高の演技ができた。全力投球したあとの体は、魂が抜けたみたいに軽かった。それでいてずっしりとした充実感と満足感が全身をかけ巡った。

勝ち負けはどうでもよかったが、応援合戦は赤団の勝ち。みんな飛び上がって喜びあった。

午後からのプログラムは順調に進み、最終得点は赤団の勝ち。知らない間に大差で勝利を勝ち取っていた。

先生は、

「よく頑張ったね。実は先生も心配していたのだよ。やればできるじゃないか」

と何度も頭をなでてくれた。

私は、先生のその一言で、全ての苦労が吹き飛んだ。

（やればできる。なるようになる）

応援団長をやって、初めて知った貴重な経験だった。

あとで聞いたことだが、この小学校始まって以来の女の団長だったとのこと。

こうして、小学校最後の運動会は、私にとって思い出多い運動会となって幕がおりた。

ルルドのマリアさま

「みなさま、シートベルトをお締めくださいませ。ただ今、乱気流の発生で機体が、かなり揺れておりますので、しばらくの間、席を立たないでくださいませ」

アナウンスと、ひどい揺れに僕は目が覚めた。

「大丈夫かい？　光」

耳元で父さんの声を聞いたようで、僕は、あたりを見渡した。

隣には、見知らぬおじさんが、新聞を広げていた。


「あれっ、父さんは？」

僕は、一瞬夢を見ているのではないかと思った。頭がはっきりするにしたがって、半年前の出来事が一度に思い出された。

…病気知らずの父さんが急死した…。

母さんも、妹も、僕もショックで、なかなか立ち直れなかった。僕は、大好きだったサッカーもやる気が出なくて、友達の誘いも断ってばかりいた。授業も全然身に入らず、先生から注意されることも多くなった。何もかもが空しくて、そのうち、学校へ行くことさえ、いやになって、家でぼんやりしている日が続いた。そんな僕のことを心配した母さんは、島のおじいさんに相談したらしい。

おじいさんからの電話で、僕は急に父さんの故郷へ行くことになった。


「揺れがひどいね。気分悪くないかい」

隣のおじさんが、声をかけてきた。

「少しは…でも大丈夫です」

僕は、恐怖と不安でいっぱいだったが、つとめて平気を装っていた。

「君、どこへ行くの?」

「父さんの故郷へ行くところです」

「お父さんは、島のどこなの」

母さんから見知らぬ人には、たやすく話してはいけないと言われていたので、僕は返事をためらっていた。

おじさんは、そんな僕をじっと見ていたが驚いたように
「もしかしたら、君は、若宮 隆君の子どもさんではないか?」

「えっ、そうですが…」

「やっぱり、そうか。どこかで見た顔と思って考えていたんだ。あんまり隆君の小さい時の顔にそっくりだから、もしかしたらと思ってね」

「おじさん、僕の父さんを知っているのですか?」

「知っているどころじゃない。おじさん

は、君のお父さんの小学校の時の担任でね。四年間も受け持っていたよ。でもこんな飛行機の中で、隆君の子どもに会えるなんて…」

「おじさん、僕の父さんの子どもの頃は…?」

「隆君は、なんでも一生懸命にやる子でね。島始まって以来の優等生だったよ」

「ほんとですか?」

「高校でも、優秀でね。先生方からぜひ大学へ行くようにすすめられたんだ。隆君は、親に負担かけないように、アルバイトしながら、大学に行ったとか…、その後、一流会社に就職したと聞いていたが、お父さんは元気かな?」

「それが…父さんは、亡くなったんです」

「ええっ、なんだって、まさかぁ、あんなに元気な隆君が、事故かなんかで?」

「いいえ、急に倒れて…。半年前のことでした」

「そうだったの。全然知らなかったよ。僕も、転勤で島から出ていたものだから」

「父さんの勤め先の会社の経営が思うようにいかなくて、かなり無理をしていたらしいんです。毎日帰りが遅くて、僕たちも父さんの顔を見ることがないくらいでした」

「過労死だったのか。かわいそうに。何事にも真面目な子だったから。無理しすぎたんだろうね」

おじさんは、目をうるませながら
「ほんとうに残念だ。君も辛かろうが頑張るんだよ」

と僕の肩をたたかれた。僕は、あふれそうな涙をこらえながらうなずいた。

いつの間にか、飛行機の揺れも止んでいた。窓から下を見ると小さな島々が、絵のように浮かんでいた。

「わぁ、きれいだ。おじさん、島がいっぱい見えるよ」

「あぁ、そろそろ、到着だよ。ほら、あれが君の父さんの故郷だよ」

おじさんは、一つの島を指差しながら言った。

僕は、おじさんから、僕の知らない父さんの一面を聞くことが出来て、嬉しかった。

空港には、おじいさんが迎えに来ていた。

「よく、来てくれたね」

おじいさんは、僕の顔を見て、ホッとしたようだった。

僕は、おじいさんの小型トラックに乗った。曲がりくねった海岸線を走り、とある入り江の一角にある天主堂の側でおじいさんは、車を止めた。

海辺にひっそりと佇《たたず》む天主堂は、訪れる人を待っているかのように見えた。御堂の中には、誰一人いなくて、がらんとしていた。

「あのステンドグラス、ほんとうにきれいだね」

そこは、まるで時間が止まっているようで、僕は、別世界にいるようだった。

「お前の父さんが、一番気に入っていた教会でね」

「おじいさん、僕にも父さんの気持ちがわかる気がするよ」

「そうだね。ここに来れば、何となく心が落ち着いてね。じいちゃんも、市場の帰りにたまにお祈りに来るんだよ」

「そうなの」

僕もおじいさんと、一緒にお祈りした。

僕は、もっとゆっくりしたかったが、おばあさんが心待ちにしているとのことで、天主堂を後にした。

木々の枝が両側から迫ってくる山道に入るにつれ、だんだん坂が険しくなってきた。僕は、トラックが止まってしまわないかと、ひやひやしながら乗っていた。しばらく走るといきなり目の前が明るくなった。すぐ左手は、海にそそり立つ断崖絶壁、右手は入り江、小高い丘の上には、ぽつりと建っている白い小さな灯台が見える。そして、僕の目に飛び込んできたのは、そのふもとに建っている小さなトタン屋根の家だった。

「光、あれが、父さんが育ったところだよ」

「ええ、そう…」

と言ったきり言葉が出ない。びっくりしている僕に

「驚いたろう。ずいぶん、不便なところで」

「おじいさん、父さんは、ここから学校へ通ったの？」

「小学校、中学校は、歩いて行ったんだが、高校だけは、町に下宿しないと通えなかったからね」

「大変だったろうね」

おじいさんは、昔を思い出すかのように黙ってうなずいた。おじいさんが、車を止めたところは、いかの干し場の横だった。網の囲いの中では、串に刺したいかが、海から吹き上げてくる潮風に踊るように揺れていた。

初めて見る光景ばかりだ。僕が想像していた父さんの故郷とは、思いもよらないくらいかけ離れていた。

エンジンの音を聞いたおばあさんが、

エプロンで手をふきふき僕のところにかけ寄ってきた。

「光、よう来たね。さあさあ中におはいり」

うす暗い土間には、裸電球が一つ、居間の上がり口には、丸い平べったい石が敷いてあった。僕は、靴をぬいで部屋に入った。目をこらして見ると小さいちゃぶ台の上には、夕飯の用意がしてあった。

「こぎゃん田舎で何のもてなしもできんけど、じいちゃんが光に食べさせようと釣ってきた魚だよ、どうぞ、おあがり」

僕は、乗り物酔いで、食欲がなかった。でも、おばあさんの心づくしの料理に、箸《はし》をつけないわけにいかなかった。とうてい食べられないと思っていたのに、一口食べてみると、思いのほか、美味しかった。さすがに、獲れたての魚の味は、違っていた。

その後、僕は、これまた初めて見る五右衛門風呂とやらに入った。

底板を上手く沈めるようになるのには、少々、時間がかかったが、結構面白かった。

「おじいさん、水は、どこから汲《く》んでくるの？」

「水は、天からの恵みで、雨水をためて使うんだよ」

「雨が降らないときには、大変だね」

「そうだね。こんな小さな島は、昔から自然との戦いでね。台風でも来れば、船も飛行機も通わないからね。野菜をはじめ、いろんな食料が足りなくなってしまうんだよ」

「それじゃ、食べ物も水も大事に使わないといけないね」

「そうだね。みんな生きるためのいろんな工夫をしているんだ」

光は、島の人々の生活の厳しさを改めて知った。

その夜、床についた僕は、ヒューヒューうなる電線の音、パタンパタンとトタン屋根のばたつく音や、波のはじける音で、どうしても寝つかれなかった。その上、ひどいすきま風に、一睡もできないままに朝を迎えた。

僕は、寝ぼけ目をこすりこすり、外へ出た。

秋の空は、高くぬけるように青かった。

おじいさんは、もう漁の用意をしていた。

「しばらく、漁をすることを休んでいたんだが、何もしないといらぬ事ばかり考えるから」

「僕も連れてってよ」

「そうだね、今日は、天気もよさそうだ

から、一緒に行ってみるか」

おばあさんは、心配そうに

「光は、船に乗ったこつなかでっしゅ？　こまか船だけん。ひどく揺れると思うけど船酔いせんどか」

「船は初めてだけど、大丈夫だよ」

「何事も経験だ」

「じいちゃん、光が酔うごたるなら、すぐ戻ってきてはいりょ」

「ああ、わかったよ」

僕は初めての漁に胸が高鳴った。

ごつごつした岩場の上をおじいさんは、跳ねるように入り江に向かった。僕といったら、這うようにして一つ一つ岩に足をかけて下りるのがやっとだった。

「怪我《けが》せんようにゆっくり下りておいで。じいちゃんは船の準備をしとくけんね」

僕が船つき場に着いた時には、すでにエンジンがかかって出発の準備ができていた。

小さな船だけど、結構速かった。かなり沖に出た頃、

「ここら辺で、ひとつ釣ってみるか」

おじいさんは、エンジンを切って、大きな錨《いかり》を下ろした。それから、輪状につけた疑似餌の下にある針にキビナゴをつけて海に投げ込んだ。

「さあ、ごとごと手応えがあったら、す

ばやく引いてごらん」

群青色の海をじっと見ていると目が回りそうだ。その時、確かに手応えがあった。僕は、どんどん糸を手繰り寄せた。やがて海の中から泳ぎ回るイカが見え始めた。

「おじいさん、おじいさん、早く来て」

「おお、大きいのが、かかったな」

おじいさんは、網で掬《すく》い上げてくれた。

僕は疑似餌にしがみついてる大きなイカを見た。おじいさんは、ていねいに針をはずして、イカをいけすに入れた。それから、また、餌をつけて海に投げ込んだ。ところが僕は慌てて引き上げたものだから、糸がめちゃくちゃにからんで、思うように海に落ちていかなかった。

「おじいさん、ごめんなさい。ぼく、慌てちゃって」

「初めてだからね。無理ないさ。今度から引き上げるときには、輪を描くように重ねていけば、次が楽だからね」

「今度から、そうするよ」

それから、おじいさんは、僕が一人で釣れるように餌の付け方や、針のはずし方などを教えてくれた。全く初めての釣りにしては、面白いほど獲れた。

「光、ここらあたりで昼飯にしようか」

「もう、お昼? おじいさん、僕、夢中

になってしまった。釣りってほんとに面白いんだね」

「そうだね。大漁の時は、すごく幸せな気分になるんだがね。全然獲れないこともあるんだよ」

　僕たちは、おばあさんが作ってくれたおにぎりを食べた。キラキラ輝く海の上で、潮のかおりをおかずに食べるおにぎりは最高だった。それ以上に漁の面白さに僕はとりこになってしまっていた。いつの間にか僕は、今までにない幸せな気分になっていた。

　僕は、父さんが子どもの頃こうやって、おじいさんと楽しく釣りをやっていた姿を想像した。

　父さんは都会に出て、果たして幸せだったろうか。

　それよりも、一人息子を亡くしたおじいさんの心の中は？

　僕は、複雑な気持ちで、おじいさんを見た。

　僕といっしょに釣りをして、昔父さんと釣りをしていた時のことを思い出していないか…。

　おじいさんの目も、涙でうるんでいるように見えた。

「光、今度は魚でも釣ってみるか？」

「どんな魚が釣れるの？」

「今の時期だったら、クロかチヌか石鯛などかな」

おじいさんは、エンジンをかけて、船を沖に出した。

真っ青な海に白いしぶきが跳ねる。

今までほとんど揺れなかった船が、大きなうねりに揺れ出した。突然、目の前に何かが跳《と》びはねた。

「あれっ、おじいさん、もしかしたら、あれはイルカじゃない？」

「おお、イルカの大群だ。イルカが出たら、しばらくは魚が釣れないぞ」

おじいさんは、困ったように言った。

僕は、群れをなして跳びはねていくイルカの大群を見て一瞬、映画の世界にいるような気がした。僕は、有頂天になるくらいうれしかった。僕はこのイルカの大群のことを友達のみんなに話してやろうと思った。

おじいさんは、イルカの大群が去るのを待って、また船を沖に進めた。

「ここらあたりで、釣ってみるか」

おじいさんは、船底のいけすから活きのよいエビを取り出して、大きな針に二匹を背中合わせにしてつけた。おもりの位置も変えて、海中に下ろした。

「光、手にごとごとと引きが感じられたら、ぐいーっと引いてごらん。その後は、かかっていれば引きが強くなる。それから引き上げればいいから」

僕は、手先の感触が、イカとどう違うか、引き具合はどんなものかと思いながら、真っ青な海を見つめていた。おじいさんの方も、まだ釣れた気配はない。なかなか釣れないので、おじいさんの方へ行きかかった時、小さな手応えがあった。僕は、ちょっと引いてみた。ぐぐぃーっと糸が引っ張られる。僕は糸を手繰り寄せた。それからは、もう夢中だった。船に糸の輪が増えるにしたがって僕は、胸のドキドキが手まで伝わってくるようだった。

「おじいさん、釣れたよ」

「どれどれ、何がかかっているかな」

おじいさんは、大きな柄のついた網を持ってきて、僕の魚の上がるのを待ってくれた。

「やったぁ。おじいさん、すごーく重いよ」

やがて波の間に間に動き回る大きな魚が見えかくれした。

僕は緊張のあまり、足の震えが止まらなかった。

「ほう、石鯛がかかっているぞ」

「おじいさん、石鯛って?」

「石鯛は幻の魚といってね、漁師でも、

なかなか釣れない魚なんだ。最初に大物を釣り上げるなんて、お前はついてるね」

「よかったぁ。そんな魚が獲れて、おばあさんびっくりするよね」

「そうだね。そういえば、隆も最初に釣ったのは石鯛だったなあ」

おじいさんは、その当時を思い出すように言った。

それからは、おじいさんにも、僕にも、面白いほどいろんな魚が釣れた。僕は、釣れるたびに、おじいさんに魚の名前を聞いた。おじいさんは一匹一匹、魚の名前を教えてくれた。

クロ、チヌ、ガラカブ、真鯛。いろいろ釣り上げていくうちに、いつの間にか魚の名前を覚えていた。

あまりの大漁に、僕たちは時間の経つのも忘れていた。

「さあ、そろそろ帰ろうか。あまり遅いとばあさんが心配するけんね」

おじいさんは糸を巻き上げ、帰る支度を始めた。僕は、こんなに釣れるのに、途中で帰るのは勿体ない気がしたが、仕方なしに糸を巻き上げた。おじいさんは、エンジンをかけ船の向きを変えた。

地平線上に、真っ赤に燃えていた太陽が沈んで、辺りは茜《あかね》色に染まり、全てを、包みこんでくれるような優しさが漂っていた。

どれくらい引き返しただろうか。いつの間にか、風もかなり強くなっていた。僕は、ついさっきまで漁の面白さに酔いしれていたのに、とても心細くなってきた。

「おーい、魚は獲れたかい・・?」

「ああ、まあまあだよ。お気をつけて」

おじいさんの船よりも大きな船は、馬力が強いのか、どんどん追い越していく。

「風が強くなってきたようだ。かなり揺れるから、しっかりつかまっとくんだよ」

おじいさんは、横から吹きつける風をさけるように、舵《かじ》を右に左に向きを変えながら船を進めた。

「おーい、その先に、岩礁《がんしょう》があるから気をつけろー」

おじいさんの船よりも、少し古ぼけた船から、白髪まじりの漁師が声をかけた。

「ありがとう。おつかれさん」

おじいさんは、暗闇を透かして見るように、ずうっと海上を見ていた。

突然、目の前に小さな岩が現れた。

「おじいさん、あぶないっ」

おじいさんが、向きを変えた瞬間、岩に乗り上げた船の舳先《へさき》がぐしゃりと音を立てて割れた。途端に海水がどっと入り込んできた。

「光、水を汲み出せ。絶対にひしゃくを落とすな」

おじいさんは必死に舵を取り、向きを変えていた。

ところが、当たりどころが悪かったのか、どれだけエンジンをかけても、かからない。さすがのおじいさんも、茫然《ぼうぜん》としている。僕は気が動転して水を汲み出すのがやっとだった。

「おじいさん、どうしよう。どんどん水が入ってくるよ」

僕の声に我に返ったおじいさんは、

「光、心配するな。もう島が近いから、どうにかなるさ」

おじいさんは、僕を安心させるように言ったが、僕はもう生きた心地がしなかった。

おじいさんは、船の日陰用の天幕を引き裂いて、舳先を覆った。そして、残りの布を自分の両腕に巻きつけ帆かけ船の代用をして、船の真ん中に足で踏んばって立った。それから風の向きをうまい具合に利用して、船をほんの少しずつ島の方へ操っていった。島影に入ったとたん、今まで吹いていた強い風がうそみたいに、和らいだ。おじいさんは、今度はいけすのふたを外して艪《かい》を作って、器用に漕いで灯台をめざした。

「光、もう、大丈夫だよ。びっくりしたろうね」

僕は怖さで、言葉が出なかった。

「これは、きっとウグメの仕業に違いない」

「ウグメって?」

「海の妖怪といわれたり、海で死んだ人の亡霊ともいわれているんだ。島では、満月の夜にウグメが出て、漁に出た人びとに、いたずらをするという言い伝えがあるんだ。まさか、そういうことに、ほんとうに出くわすなんて思いもせんかったね。座礁したら、絶対に助からんと言われているんだ。助かってほんとうによかった」

「僕、どうなるかと思ったよ」

僕は不安と緊張が、やっとおさまって空を見上げた。

空には、生まれて初めてみるくらいの大きな満月が、こうこうと輝いていた。

家の下の入り江に船がついた時には、僕は、もうへとへとで、歩く元気さえなかった。おじいさんは、船を堤防の止め金につないだ。

「さあ、着いたぞ、光、降りて。お前も疲れとるだろうが、此処でちょっと待っとってね」

「ええ？」

　僕は堤防に寝転んで空を眺めた。空には、宝石を散りばめたように星がまたたいていた。

　僕はしばらく待ったが、おじいさんはなかなか帰って来ない。不安になっておじいさんが行った方へ岩場をつたって行ってみた。しばらく行くと、岩場の切れたところから、ずっと奥の方へ人一人が、やっと通れるくらいの道が続いていた。暗闇を手探りしながら進んでいくと、ぽうっとかすかな明かりが見えた。その前には、座り込んでお祈りしているふたつの影があった。

「アッ」

　僕は思わず声を出すところだった。もう一つの影は、おばあさんだった。僕は、そうっと二人の後ろに近づいた。ろうそくの灯りに映し出されていたのは、真っ白のベールをまとったマリアさまだった。僕の気配に気づいたのか、二人は、後ろを振り返り、

「待たせてしまってすまんね。今日は危ないところを助けてもらったんで、どうしてもお礼が言いたかったんでね」

「私も、あんたたちの帰りがあんまり遅いんで、いても立ってもおれなくて、こ

こでお祈りしてたんだよ」

「もうだめだと思った時、ふっとマリアさまの姿が浮かんでね。せめて光だけはお助けください、と必死にお祈りしたんだ。そのお祈りが通じたのだと思うと…」

おじいさんは、目をうるませながら言った。

「このお方は、ルルドのマリアさまといってね。ご先祖の代々からお祈りをしてきているんですよ」

と、おばあさんは、静かに言った。

僕は、おじいさんたちの心の支えが、マリア様にあったのだと思った。

僕は、島でおじいさんたちと生活するうちに、知らず知らずのうちに、元気を取り戻していった。
それから 僕は、生きる力と、やる気という大きな収穫を心にいっぱいつめこんで、島を後にした。

おじいさんの秘密

　夏休みに入って間もなくのこと、お父さんは

「大志、今年は長崎のおじいさんの家に先に行かないか。お父さんたちは後で行くから」

「いやだよ。僕、いつも怒ったようにしているおじいさんが苦手だから」

「そう言わないで、亜矢も一緒に連れていったら、どう?」

　と、お母さんまで僕の嫌がることは分かっているのに、追いうちをかけるように言ってきた。

「大志も、もう六年生になったのだから、一人旅でもできるだろう?」

「行けないことはないけどさ。部活があるからいけないよ」

「そうか、部活か」そう言ってお父さんは、それ以上は勧めなかった。

　僕たち一家は毎年、長崎の平和祈念式典の日に合わせて、父さんの実家へ里帰りする。

　急な坂を上りつめたところに、おじいさんの家はある。バスも通わない狭い道を夏の暑い盛りに歩いて行くことを思う

と、汗がふき出しそうで、行く前から気分が悪くなる。

それに全然笑わないおじいさんが怖い。でも、父さんには義務みたいなものがあるのだろうか、僕が行きたくないと言っても毎年、半ば強制的に連れて行く。

結局、今年も家族で一緒に行くことになった。

今年の夏は特に暑かった。額から流れ落ちる汗を拭きながら、僕たちはおじいさんの家に着いた。

毎年のことだが、おじいさんの家の庭には、お父さんの背丈より高く伸びたひまわりの花が、大輪の花をつけて輝いていた。狭い畑に二、三十本咲いているひまわりの中でも、なぜか毎年抜きん出て大きなひまわりが一本あるのだ。おじいさんは、時々そのひまわりに向かって独り言を言っている。その時だけはやさしい顔をしているから、何となく不気味だ。僕は不思議でたまらないが、いつか聞いてみようと思いながら、未だにそのことを聞いたことがない。

夕食が終わって、おじいさんは珍しく僕に声をかけてきた。

「大志、一緒にお風呂に入らないか」

突然のおじいさんの誘いにとまどった僕は、一瞬返事に困った。だって今まで、一度だって笑った顔を見せたこともないし、優しい言葉もかけてくれたこともないおじいさん。僕には、無口な怖いおじいさんの印象しかないから、一緒に入っても、何を話していいかわからない。

黙っている僕にお父さんは、

「大志、入ってこいよ」

内心、僕はいやだったが、断るわけにもいかないので、おじいさんとお風呂に入ることにした。

おじいさんの家のお風呂は、最近造り変えたのか、広くてタイルもカラフルで僕の家のよりはるかに立派だった。

「おじいさん、お風呂が立派になったね」

「つい二カ月ほど前、造り変えたからね」

そうか！　おじいさんは、僕にきれいなお風呂を見せたかったのか！　そんなことを思っていると、おじいさんは、突然

「大志、背中を流しておくれ」

「おじいさん、気がきかないでごめんなさい」

僕はそう言っておじいさんが渡してくれたタオルでおじいさんの背中を拭こうと後ろに回った。

そこで僕が見たものは…。背中いっぱいに広がったケロイドの痕。僕はぎょっとして

「おじいさん、この傷痕、どうしたの？」

「これはね、長崎にピカドンが落ちた時の被爆の傷痕だよ」

「ひどいね」

「そう。今までなるだけ人に見せないようにしていたのだが、もうそろそろ、大志にも知ってもらってもいいかと思ってね…。大志は今、六年生だね。お前と同じ歳に、住んでいた家の近くに原子爆弾が落ちたんだ。その時、家も家族もみんななくなってしまった。思い出すのもいやだが、先が短かくなったから、大志にもいろいろ話しておこうと思ってさ」

「まだまだ、おじいさんは元気じゃないの」

「今まで生きて来られたのが不思議なくらいで、いつお迎えがくるか分からないからね。実は、お前のおばあさんも原爆に遭っていてね。十年前に白血病で亡くなったのだよ」

　それからおじいさんは、息せき切ったように話し出した。

「その日は、すごく天気も良くて、友達の次郎君と、セミ取りに出かけたのさ。その時、妹の幸子も「お兄ちゃん、私も連れて行って」と言うのを、その日に限って、「今日は、駄目だ。今度つれて行ってあげるから」と言った。「幸子も、行きたいよ！」と泣く妹をおいて、次郎君と出かけたんだ。

その日は、いつも行く丘から少し離れた公園まで、足を伸ばした。桜の木に、いっぱいとまっていたクマゼミを捕るのに夢中になっていた時、目もつぶれそうなオレンジ色の光が走った。そして、強い爆風に吹き飛ばされ、やけに背中が熱いと思ったところで、意識がなくなっていた。

気づいた時、片手から噴き出す血を押さえながら、僕に声をかけてきたおじさんがいた。「坊や、がんばれよ。どこかで背中を冷やしたがいいよ」と言って今にも倒れそうな姿で立ち去った。

そこで、ずうっと下の川を目指して、ふらふらしながら歩いて行った。途中見たものは、地獄のような光景だった。全身焼け爛《ただ》れて死んでいる人、お腹から内臓が飛び出して息絶えている人、「熱い、熱い。水、水をちょうだい」と手を差し出す人。わしは、背中の痛みも忘れて、茶碗のかけらを探しては、水を汲んできては、欲しがる人々にあげて回った。後で、聞いたことだが、そんな時は、水をやってはいけないということだった。でも、やらないわけにはいかなかった。それで命を縮めた人もいたのではと思うと、今でも心が痛むのだが…」

　僕は、黙って聞いていたが、

「おじいさんは僕の歳で、すごい目に遭ったんだね。怖かったでしょう」

「怖いなんてものじゃない。ただ頭は真っ白で、体が動くに任せたとしか言えない状態だった。そんな中で、わしはわが家へ急いだ。幸子や、お母さんのことが気になってね。急いで帰ったが、道もなくなり、わが家もわからなかった。あちこちに死体の山、山。泣き叫ぶ人、目を覆《おお》いたくなるような中を、やっと探し当てたわが家は、完全につぶれていてさ。瓦礫《がれき》の下でお母さんは、二歳の智を抱いて、息絶えていた。幸子は、どんなに探しても見当たらない。もしかして、後を追って行ったのではないかと思って、いつも行く丘に行ってみた」

　そこで、わしは全身焼け爛れて顔の見分けもつかない状態で息絶えていた幸子を見つけた。

「ああ、あの時、幸子を連れて行けば、もしかして助かっていたかもしれない」

悔やんでも悔やみきれなかった。しかし、悲しむ間もなかった。急に友達の次郎君のことが気になってね。セミ捕りをしていた公園まで歩いて行った。そこには、次郎君の姿はなかった。きっと帰ったに違いないと思って、帰ろうとした時、桜の木に何か引っかかっているものが見えた。よく見ると、それが次郎君だった。きっと、爆風に飛ばされたのだろう。次郎君を木から下ろして、背中に負ぶって、家まで帰った。

　地獄のような中で、生き残った近所のおじさんたちと一緒に、壊れた家から板や木々を集めてきては、お母さんや幸子や智、そして次郎君を焼いた。死体の臭いがひどくてね。悲しみに浸っている暇などなかった。山のように積まれた死体を一刻も早く火葬せねばならなかったからね。それから、防空壕《ぼうくうごう》で亡くなった近所の人を何人も何人も運んでは焼いた。もう、感情なんてなくなってしまって、涙も出なかった。

「あの残酷《ざんこく》さを思うと、今でも気分が悪くなる。大志、原爆は本当に恐ろしい。戦争は絶対にしちゃならん」

　僕は強くうなずいた。

　一気に話し終わったおじいさんは、今まで胸につかえていたものを吐き出してしまって、ほっとしたようだった。

　そうだったのか！　僕は何にも知らずに、笑わない無口なおじいさんを、ただ怖い人と思っていた。でも本当は、おじいさんは僕の歳に原爆の被害に遭っていて、たくさんの苦しみや、悲しみ、痛みをいっぱい抱えながら、今まで生きていたからだ。家族にさえも、なるだけ話さないようにしてきたおじいさん。さぞ辛かったろう。可哀想なおじいさん。おじいさんは、僕たちに、いっぱい、いっぱい伝えておきたいことがあるのだ…。僕は、いろいろ聞いて、初めておじいさんの気持ちがわかったような気がした。

暗い過去を引きずっているおじいさんは、笑いたくても笑えないのだ。「そんなことも知らないで、ごめんなさい、おじいさん」と心の中でつぶやいた。

「こんな苦しみはもう二度とあってはいけないのだ」

「ほんとに、世界から原爆なんて無くなったらいいのにね」

「一瞬ですべてを壊す原爆は使ってはならない。戦争のない平和な世の中にしてほしい」

「わかった。僕達に何ができるのか、みんなで考えるよ」

いつの間にか、おじいさんの顔には、今まで見たこともない明るさが見えた。

「おじいさん、一つ、聞いていい？」

そこで、僕はいつも気になっていたことを聞いてみた。

「おじいさん、いつも、庭の大きなひまわりに話しかけているでしょう。何か訳があるの？」

「ああ、あれか、あれは原爆投下の翌年、幸子が死んでいた丘の上にひまわりが咲いていてね。あまりにもきれいで、まるで幸子の生まれ変わりのようだったからさ。その種を取って植えたら、なぜか一本だけ背の高い大輪の花が咲くのだ。まるで「お兄ちゃん、見て見て」と語りかけてくれるようでね。「幸子、今年も立派に咲いたね」と言うと、にこっと笑うんだ。「兄ちゃんが、もっともっと遊んであげればよかったのに。もし、あの時セミ捕りに連れて行っていれば助かったかもしれないのに、ごめんよ」と語りかけると、ひまわりは必ず首をふるんだ。母さんたちが幸せになるようにと、願いをこめて名づけてくれたのに幸子は、たった六歳で死んでしまった。あまりにもかわいそうで…」

おじいさんは、大粒の涙を流して話してくれた。

僕たちがあまりにも長い間、風呂に入っているのを心配してか、お父さんが見に来た。

「今、あがるから」おじいさんは、何にも、なかったかのように、体を拭いてあがっていった。お湯で温められたおじいさんの背中はケロイドの跡がピンクに染まって地図のように浮き上がっていた。

僕はその夜、蒸し暑いのと、おじいさんから聞いた話があまりにもかわいそうで、なかなか、寝れなかった。何度も寝返りを打っていた僕の上に、冷たい風がす〜っと吹いてきた。そして、何か白いものが枕もとに立った。よく見るとそれは、焼け爛れた首から上の顔だった。そして、それが僕に覆い被さってくるではないか。

僕は「ギャ〜ッ」と叫んで逃げ出した。焼けた髪の毛を振り乱した顔だけが、いくつもいくつも重なるようにして僕を追いかけてくる。走って逃げようとすると、死体の手が僕の足を捕まえて離さない。すぐ横には、若いお母さんのお腹から飛び出した赤ちゃんが、黒焦げになって笑っている。あっちからもこっちからも「水をおくれ。水。水」と焼け爛れた手が宙に向かってゆれる。「お父さん、お母さん、助けて！」しぼり出すような悲鳴。僕は地獄のような中で、身動きも出来ず立ち尽くしていた。

あまりにも怖くて「お母さん。たすけて！」と声を出したが声にならない。心臓がばくばくして破裂しそうだ。僕は、動きがとれず固まっていた。これは夢ではないと僕は思った。おじいさんが、僕の歳に体験した地獄図そっくりの再現なのか。（夢であってくれ。怖くて死にそうだ…。もう駄目だ）と思った時、ふんわり煙のような物が取り巻いた。そして僕の側に、可愛い女の子が来て、にこにこっと笑いかけたではないか。まるで、妹の亜矢そっくりの顔かたち。背の高さも、歳も亜矢と同じくらいだったが、亜矢ではない。

「おにいちゃん、心配しないで。私はいつもおにいちゃんのそばにいるからね」

そういうと女の子はスーッと消えた。それっきり、地獄のような情景は消えて、僕の心臓も落ちついてきた。金縛りにあったように固まっていた体も楽になり、いつの間にか、僕は深い眠りに落ちた。

八月九日、松山町の平和公園で平和祈念式典が開かれた。

僕たちは、おじいさん一家と一緒に公園に出かけた。

そこには、空高く手を伸ばした平和祈念像が雲一つない空に向かって、平和を誓うようにそびえていた。

日本の首相をはじめ、世界各国の駐日

大使や、たくさんの遺族の人々が参加されていた。長崎市長は、「核なき世界を目指して」と熱く語られた。原爆被害者代表の人は「家族をみんな亡くして、未だにその悲しみ、辛さ、苦しみは消えない。地球上に核兵器は要らない」と切々と訴えられた。僕はいろいろな話の中から、広島原爆投下から三日後、長崎市にもプルトニウム型原子爆弾が投下され、一瞬の内に七万四千人が死に、約七万五千人の重軽傷者が出たことを知った。被爆者の数もおびただしいことも…。

いまだに原爆症で苦しんでいる人、被爆したことを隠し通している人のことなど、いつもなら、何気なく聞いていた「平和への誓い」が今年は、胸にジーンときて、僕は涙が止まらなかった。

昨夜おじいさんから聞いた話や、夕べ見た地獄図が、なぜか生々しく思い出され、核の怖さをあらためて考えさせられた。

「そうだ。夕べおじいさんと誓ったように、これから先、みんなで核兵器の廃絶を訴え続けよう。戦後何十年たっても、被爆者の苦しみは消えてないのだ…。僕たちはあまりにも平和な環境の中でのんびり暮らし過ぎているのではないか。広島や長崎で投下されたあの忌《い》まわしい原子爆弾投下が二度と繰り返されないように、みんなで声を張り上げて訴え続けねば…。核の廃絶も、核だけではない。世界のあちこちで繰り返されている痛ましい戦争も無くさねば」と今年ほど強く思ったことはなかった。


今日も、おじいさんの庭のひまわりは空に向かってさんさんと耀いていた。

「幸子ちゃん、さようなら、また来年くるからね」

僕は、庭のひまわりに手を振って別れた。

なぜ　なぜ　なぜに

わんぱくカラスのクロも、今年ぐらいひもじい思いをしたことはありませんでした。

というのは、雪がしんしんと降り続き、あたりは一面の銀世界で、雪が餌《えさ》を覆いつくしてしまったからです。

寒さは厳しいし、おなかはぐうぐうなるし、ひもじい体に寒さは、腹の中までしみわたりました。カアカア鳴く声にも、なんとなく張りがありません。

野に山に、クロは餌を探して飛び回りました。けれど、木の実も虫も、おなかを満たすようなものは、みんな雪の下。なにひとつ見当たりませんでした。つい一カ月ほど前、木の根っこのそばに埋めていた餌も、どんなに探しても見つかりません。

クロは、どうにかして餌を探そうとずうっと離れた村里に来てみました。そして、大きな柿の木のてっぺんに止まって、あたりを見回しました。

すると、すぐ下の長い長いトタン屋根の中に、何かうごめくものが見えました。

「いったいなんだろう」

クロは、そっと近寄ってみました。

そこには、たくさんの白い鳥がクックッ鳴きながら、餌を食べていました。よく見ると、餌箱からこぼれ落ちた餌が、地面に飛び散っています。クロは、一気に飛び降りて散らばっている餌を食べ始めました。

そこは、卵をとるためのニワトリをたくさん飼っている鶏舎だったのです。

真っ黒な鳥を見たニワトリたちは、びっくりして、コッコッコッコッ、クックックッと、いっせいに鳴き出して、羽をバタバタばたつかせました。

久しぶりに餌にありついたクロは、ニワトリたちの騒ぎ出す声も、羽音も耳に入らないくらい餌をがつがつ食べ続けました。

やっとおなかいっぱいになったクロは、何千羽といるニワトリたちの目が、自分に釘づけになっているのを見てびっくりしました。

「ごめんね。驚かして」

クロは申し訳なさそうに言いました。

「あなた、いったい、誰なの？　どこから来たの？」

ちょっとおちゃめな、かわいいニワトリが、声をかけてきました。

「ぼく、カラスのクロっていうんだ。きみの名は何ていうの？」

「わたし、真っ白だからシロっていうの」

「そう、ぼく、ひもじくて、ひもじくて、倒れそうだったんだ。おかげで、やっとおなかいっぱいになった」

「どうして…食べ物がないの？」

「この雪だろう。どこを探しても食べ物が見つからないんだよ」

「かわいそうね。だったら、ここに食べにいらっしゃいよ。私が少し、よけいに餌をこぼしてあげるわ」

「ありがとう。僕の仲間もつれてきていい？」

「どうぞ。どうぞ。でも、人間に見つからないようにしてね」


それから、クロは、仲間のカッちゃんを誘って毎日通ってきました。

シロちゃんとすっかり仲良しになったクロは、幸せでした。餌をもらう代わりに、クロは、ニワトリたちに、外のいろいろな景色や出来事を聞かせてあげました。

「クロちゃんたちは、外を自由に飛べていいなあ。私たちも、一度でいいから外へ出て、いろんなもの見てみたいなぁ」

シロは、うらやましそうに言いました。

「そうだ。いつか、君たちに外の景色を見せてあげるよ」

「ほんと？　外へ出ていけたらうれしい

なあ」

ニワトリたちはとても喜んで、みんな夢見るような顔になりました。

クロとカッちゃんは、ニワトリたちを外に出すにはどうしたらいいかと毎日毎日、一生懸命考えました。でも、金網で囲まれている鶏舎を壊すことは、とてもできそうにありません。せめて、金網の一部でも、くちばしでほどいて穴をあけ、一羽ずつでも出してあげようかと話し合いました。

そして、小屋の前まで来た時です。

「なんだ、あれは！」

クロたちは、目の前の異様な光景に目を見張りました。鶏舎の周りに人だかりがして、大きな袋にニワトリたちが詰められていたのです。クロとカッちゃんは、何が起こったかもわからず柿の木の上で、カアカア、カアカアーカアカアと鳴き続けました。

その時、かわいいシロの声が、かすかに聞こえてきました。

「いつか、きっと、外へ連れてってね。そしていっしょに遊んでね」

その声がとぎれ、袋に詰められたニワトリたちは、大きなトラックに放り込まれて、どこかへ運ばれていきました。

クロとカッちゃんは、なぜ、こうなっ

たか、全然わかりませんでした。

走り去るトラックのあとをクロたちは追いかけました。先になったり後になったりするクロの耳に運転手たちの辛そうな声が聞こえてきました。

「何で、こんなことになってしまったんだろうね。元気なニワトリまで生き埋めにするなんて……やりきれんなぁ」

「ほんとうに辛い。仕方ないことだけど…。病気がこれ以上広がったら、もっと大変なことになっちゃうからな」

山のふもとに掘られた大きな穴に放り込まれるニワトリたちを見たクロたちは、驚きと怒り、悲しみに、狂ったように鳴きながら、いつまでもいつまでも、穴の上を飛び続けました。

チヨ・ピースケ　ごめんね

「チヨ」あなたが、わが家へやって来たのは、ママが倒れる一カ月前の事だったね。その時、私は中学一年生。

私は、どうしても、インコが欲しくて数カ月も前からママにおねだりしていたの。でも、ママ一人で、決めるわけにはいかない難問があった。と、いうのは、おばあちゃんが絶対反対するに決まっていると思っていたから。

それに、私が最後まで面倒を見られないことが分かっていたから。

でも、あまりにも私が欲しがるし、パパのいない私を、日頃から不憫に思っていたママは、必死におばあちゃんに頼んでくれた。

「鳥かごの掃除はする、餌も水替えも毎日やる。そして宿題もきちんとやる」

という約束を絶対、守るならということで、おばあちゃんを説得してくれたのだった。

ペットショップで、沢山いたインコの中から選ぶのに時間は、かからなかった。淡いスカイブルーと黄色模様で目の愛らしいあなたを一目みて、一瞬であなたを選んだ。

わが家の一員になったあなたは、すごく賑やかで、さわがしかった。部屋中をとびまわるやら、いつも肩や頭に乗って来る、足から上ってきて、首からシャツの中に入るわ、手をつつくやらで、ひと時もじっとしていなかった。

ママも、おばあちゃんも

「全く、あなたそっくりね」と苦笑いするくらい、あなたは私によく似たところがあった。

そんなあなたに私は「チヨ」と名付けた。だって私は、チョコレートが大好きだから。

私は、しばらくの間、学校へ行っている時も、チヨの事ばかり考えて、早く帰って遊びたいと授業もうわの空で、愛くるしいチヨのことばかり考えていた。

でも、部活のバスケットの練習もだんだんハードになってきて、コートの中を走りまわりシュートしたり、ぶつかり合いながら、汗を流す日々が続いた私に、だんだん疲れが出てきた。また試合も多くなってきた。それに柔道の昇段試験も、間近に迫っていた。その練習も激しくなった。私の言い訳に過ぎないが、あんなに約束して買ってもらったチヨの世話も、なおざりになってしまった。

それに、宿題も怠けてばかりいた。

そんなある日、ママは職場の忙しさといろいろな心労が重なったのか、帰宅して夕食を済ませたあと、意識を失い倒れてしまった。救急車で運ばれたママは、回復することもなく、くも膜下出血で、帰らぬ人となった。

「なぜ、なぜ私を残して死んでしまったの」

私は、自分のわがままな行動がママを苦しめたのか、また約束を守らなかったことがママのイライラを募らせたのか？

私は悔やんでも、悔やみきれなかった。

こんな私に、チヨを残してくれたのは、ママが自分の運命を前もって感じていたのか？

私が寂しい思いをしないように、死の一カ月前にインコのチヨを私に置き土産にしてくれたのではなかったのか…。

（きっと、そうだ。そうに、違いない）

その後、チヨは、ママのいない我が家のかけがえのない家族同様の存在となった。また私の良き友達として、なくてはならない存在となった。

でも、時には病気をして私達をすごく心配させた。

そんな時、おばあちゃんは、鳥かごを荷台に積んで自転車で、動物病院まで診察に連れていってくれた。

「チヨを買った代金より、病院の治療費が何倍も高くつくよ」

と、おばあちゃんは、苦笑いをしながら、愚痴をこぼした。

ある時、マリーゴールドの草花をかじったチヨは中毒をおこしヒックヒックと息をするのも苦しそうだった。職場から帰ってきた叔母ちゃんの車で病院へ…、その時も注射で一命をとりとめた。

それから、チヨはよく卵を産むようになった。

卵を産んでは、何日も何日も卵を温めるチヨを見ていると、無精卵ではかわいそうだった。そのうちに卵の数は増え、おなかの下で温めきれないほどになった。あれだけ一生けんめい温め続けるチヨを見て、私たちは、チヨのパートナーを買うことにした。

やはり同じペットショップで今度は、真っ白のおとなしい雄のインコを買った。

ところが、チヨは元気が良すぎる、雄のピースケは逃げてばかりいるし、どうも相性が悪いようだった。

しばらくして、チヨは息もできないほど弱々しくなった。

あくびを繰り返しては、苦しみだした。

また、かかりつけの動物病院へ！

足は伸びきって、心臓の鼓動もやっと聞き取れるくらいだった。瞼は閉じて、弱り切ったチヨをガーゼのハンカチに包んで、押し抱くようにして病院へ急いだ。いつも二十五分くらいで到着できる病院までの時間がなんと長く感じられたことか。

叔母ちゃんとおばあちゃんと私は、病院へ着くまでの間、祈り続けた。

診断は、卵のつまり。卵の産みすぎで、カルシウムが不足しての軟卵で卵を外へ排出出来ないのが、原因だった。

さすが、獣医さんだけあって、診断も的確で、処置が早かった。

お蔭で、チヨは命拾いした。

そして、医師のアドバイスで、チヨとピースケはしばらく、別々の小屋で過ごすことになった。

それから何年か経ったある日、おばあちゃんは、二匹とも、それぞれの鳥かごを通して、寄りそい、落ち着かないのを見て、一緒のかごにした。

それからのチヨとピースケは、私たちの呼びかけにも、あまり答えが返らないくらい、幸せそうな日々を過ごしていた。

それに、また卵を産む回数が増えたので、カルシュウム不足にならないように心がけた。

おばあちゃんは、鳥小屋の掃除の際には必ず液体と粉末のカルシウムを与えた。

そんな時、とり返しのつかないことが起きてしまった。

その日、おばあちゃんは、行事が立て込んでいた。

餌箱の餌を入れ替え、粉末のカルシウムを入れようとしていた時、電話が鳴った。電話を切ったときは、ボランティアへの時間が迫っていて、餌箱を鳥小屋へ入れることを忘れて出かけてしまったということだった。それから、その日の午後は会議、夜は、趣味の会の役員会と帰宅は、午後の九時過ぎだった。いつでも、チヨたちに声をかける叔母ちゃんも、私もみんなその日に限って、同じ過ちを犯してしまった。

そして、翌日おばあちゃんが、チヨたちの大好物のハコベをとってきて、

「さあ大好きなハコベだよ。おあがり」

と、言って差し出したが、返事がない。

そこには、いつもの元気な声はなかった。

そして、小屋の中に二匹の姿は見えない。

その時、餌箱が鳥小屋の外に置いたままの状態を見たおばあちゃんは、血の気がひいたそうだ。見るといつも卵を温め

ていた新聞紙の下で姿を隠すように、チヨとピースケは折り重なって、死んでいた。

　なんということだ。餌の入れ忘れで餓死させてしまうなんて？　こんな別れ方だけはしたくなかった。

　その夜、おばあちゃんは
「私の不注意で、二匹とも死なせてしまった。さぞや、ひもじかったでしょうね。ごめんなさい。私が悪かった」と泣き崩れていた。

　叔母ちゃんは、「この部屋で私達ばかりおなかいっぱい食べていたのに、なぜ気づかなかったのだろう。ごめんね。チヨ、ピースケ」と泣いた。

　その時、私は、自分の身勝手さと罪の深さを思った。

　買ってもらう時だけ、あんなに都合のよいことを言ったのに、結局、ほとんど世話をしなかった。考えてみれば、チヨ達と遊んではいたが、肝心の小鳥たちの世話は、全て、おばあちゃん任せにしていた。

「一番悪いのはやっぱり私だ。ごめんね。チヨ、ピースケ。私を許して」

　私はこの場に至って、自分の不甲斐なさ、情けなさを思った。

　私達三人、お互いに、自分たちの非を

認め、悔やみながら、涙を流した。

その夜、私たちは、二匹のお通夜をした。そして、翌朝、やるせない思いで、ママの眠る墓の横に、二匹を埋めてやった。

小さな体で、あれだけ、私たちに幸せを与え続けてくれたチヨとピースケに、詫びきれない思いで、別れを告げた。

辛い現実と受け止めて、私たちは、これから生きねばならない。

「大好きだったチヨ。そしてピースケ。ごめんね。そして今日まで、ありがとう」

おらが春

おらは、猪のドン。

おら達五匹の兄弟には、おとうも、おかあもいない。おとうは村へ餌を探しに行く途中、車にぶつかって死んでしまった。そのすぐ後に、おかあも人間が仕掛けた罠にかかり生け捕りになったそうだ。

おら達は、おじいから
「人間というもんは、とてつもなく怖くて横暴だから決して村に近寄るでない」

と言って山の中で餌探しをするように、食べられる草やキノコや虫や生き物の狩りの仕方など、いろいろ教えてもらった。おかげでおら達は、一匹も欠けることなく、みんな元気で育ってきた。

特におらは、力も元気もある。統率力もあるということで、いろいろ相談も多いし、仲間からも頼られている。

しかし、山には、だんだん餌も少なくなってきた。日々の暮らしも難しくなってきた。みんな腹を空かしているし、面倒を見るのも大変だ。

おらはある日、人の寝静まった夜、偵察がてら、餌を探しに村里に出かけて行った。

ところが、どこにも明かりが見えない。

車も走っていない。何かおかしい。暗闇には慣れているおらも、あまりにも静かすぎて、気味が悪くなって、尻込みしたくなるくらいだった。

その時、豚舎から、奇妙な声が聞こえた。

おらは目を凝らして小屋を見た。すると小屋の片隅で、子豚にお乳を含ませたまま、かすかに息をしている母豚が見えた。

なおも、目を開いて見ると、お乳にしゃぶりついている子豚は動かない。おそらく死んでいるようだ。

「おい、どうしたんだ」

声をかけると母豚は、

「何か食べ物を！　食べ物をちょうだい」

と消え入るような声で言った。

隣の豚小屋からも、その先の小屋からもか細い声が聞こえた。

「さあここをでるんだ。このままだと死んでしまうぞ」

おらは、それぞれの鍵をこじ開け、母豚たちを引っ張りだした。

「一体どうなっているんだ」

「私たちのご主人様が食べものを持ってきてくれなくなってしまったの。それでおっぱいが出なくなって子どもたちは死んでしまったの」

「そうか、そうか。かわいそうに」

「早く食べ物をちょうだい」

　おらは、たった今、小屋の隅で見つけたサツマイモを差し出し、

「さあ食べろ。少しは腹の足しになるだろ」

　三匹の母豚たちは、むさぼるように食べ始めた。

「食べたら、おらについてこい」

「怖いわ。食べられるかもしれないから止めた方がいいんじゃない」

「私もそう思うわ。あのとんがった鼻といい、あの牙だって、こわいわ？」

「お前達が困っているから言っているだけさ。おらについてくれば生きることだけは請け合うさ」

　三匹の母豚たちにとって、怖い存在に見えたが、救いの神のようにも見えた。三匹は猪の後について行った。森の奥深く入った大きな木の下に岩穴があった。

「おおーい、かえったぞ」と猪が声をかけると岩穴から眠そうな顔をした猪の親子が、母豚たちをじろじろ見た。

「これからおらたちの家族になる豚たちだ。仲よくしろよ」

　猪の親子は、物珍しそうに三匹の豚たちを見ていたが、すぐに片隅に寄り添い眠ってしまった。

三匹の母豚たちは、これから先、どうなるのか不安にかられながら何時しかねむってしまった。

「さあ起きろ、朝飯すませたら出かけるぞ」

三匹は、母猪の用意した餌を食べた。堅くて味もしない餌だった、ひもじさにはかえられないので、しぶしぶ食べた。

「さあ、餌を探しにいくぞ。これからは白分の力で生き抜かなければならないからさ」

「でもきっとご主人様たちが迎えにきてくれるから」三匹は確信しているように言った。「だって、お前たちは置き去りにされたではないか！　待っていても無駄さ」

「今まで餌をくれないことは一度もなかったんだもの。きっと何か大変な事があったに違いないわ」

「今はまず食い物を探すこと！　さあさ、出かけるぞ」

空は抜けるように青く、鳥のさえずりも聞こえる。河原まで来た時、痩せ細った牛が、しょんぼりした顔をして草を食べていた。その先には馬の親子が、力なく草を食べていた。

三匹の母豚たちが、何かがおかしいと思っていた時、すぐそばの木の上に、カラスのカンコが止まった。

「あんた。相変わらず世話好きね。自分の家族を養うことだって大変なのに、豚のお世話までするなんて」

「だってさ、困っているものを放っては、おけないじゃないか」

「でもさ、今、人間界には、大変な事が起こっているらしいよ。この前の地震で、原発の事故があったらしくて、危険区域とかで、立ち入れないようになってるらしいわ」

「そうか。それで車も、人もいないんだね。やったあ！　これからはおらたちの世界というもんだ」

「ドン、喜んでばかりはいれないよ。汚染された餌を食べたらどうなるかわからないわよ。ドンたちも、どこかに引っ越した方がいいかも」

「そんなに人ごとみたいにに言うなよ。おらたちは、ここで生まれて、ずっとここでくらして来たのだから。そう簡単には行かないさ」

「でも、命には代えられないでしょう」

「仕方がないじゃないか。ケ、セラセラで生き抜くさ。ありがとさん」

「ドンも元気でね。ドン、さようなら」

夕焼け空のなかをカンコは、消えていった。

突然悪魔がやってきた

夕御飯の時、お父さんが僕に言った。

「翔、明日あたり、黒牛のさちに赤ちゃんが生まれるぞ」

「無事に生まれたらいいね」という僕に、お母さんは、自分を納得させるように
「大丈夫よ。今度は三回目のお産だから」

「こればかりは、生まれるまでわからないからな」

お父さんは案外心配性だ。

五十頭もいる牛がお産するたびに、喜び以上に両親は心配が大きいようだった。
二、三日前からお乳が張っているさちは、牛小屋の中を落ち着きのない様子で動き回っていた。
お父さんは、夕御飯もそこそこに、さちのそばについて見守っている。

僕は、たくさんいる母牛の中で、僕に一番懐いてくれるさちが大好きだった。

お父さんのそばで、僕もお産に立ち会いたかったが、小学校最後の野球の試合があるので寝ることにした。

興奮してなかなか眠れないままに朝を迎え、牛小屋に直行した。

「父さん、まだ生まれないの」

「さっきから力んではいるが、なかなか

生まれないのでちょっと心配だ」

「さち、頑張れよ。野球の試合が済んだらすぐ帰って来るからね」

　小学校最後の試合というのに、僕はあまり気が乗らなかった。いつもは、負けると悔しくてたまらなかったのに、今日は試合どころではなかったので、僕は負けたことが、かえって嬉しかった。

　僕が走って帰ると、牛小屋の前でお父さんもお母さんも心配そうに立っていた。

「まだなの?」と聞く僕に
「なかなか生まれそうにないな」

「さちが苦しそう!　獣医さんを呼びましょうか」度胸の据わっているお母さんも、さすがに心配なのか、お父さんを促した。

　お母さんの言葉に、お父さんは獣医さんに電話をかけた。

　すぐにやってきた獣医さんは様子をみるなり、

「これは逆子ですな。母牛の様子を見ながら、どうするかきめましょう」と言った。

　さちは大きなおなかをぶらつかせながら、牛小屋の中を、ハアハア息をしながら歩き回っていた。苦しさにいたたまれないのか、ドタリと倒れては起き上がろうと、もがいている。さちの真っ黒の毛はまるで雨に濡れたようにびしょ濡れで、汗がしたたり落ちていた。

みんな息を止めるようにしてさちを見守っていた。

やがてさちは力み始めた。すると間もなく、小さな足が見え始めた。

獣医さんは慣れた手つきで、少し出てきた足にロープをかけた。

「さあ、翔君、このロープを持って！」

僕はドキドキしながら言われるままに端っこを握った。

「さあ、ゆっくり引っ張ってごらん」

僕は小さな足が折れないかと心配しながらお医者さんの言われる通りに引っぱった。

僕の手先に赤ちゃんの心臓の音が伝わってくるようで、緊張した。

かなり難産だったが、生まれてきた赤ちゃんは、目がまるでビー玉のようで愛くるしい雌の子牛だった。

僕は思わず、

「さち、頑張ったね。そしてこんなにかわいい赤ちゃんを産んでくれてありがとう」

さちは、たった今まで死にそうに苦しんでいたのにほっとした表情で、赤ちゃんの毛をなめていた。

間もなく立ち上がった赤ちゃんは、初

めて見る世界にびっくりしたように僕たちを見回した。

「仲良くしょうね。ちびちゃん」

僕は頭をなでながら、声をかけた。

それからというもの僕は、さちと赤ちゃんに会うのが嬉しくて、毎日家に走って帰るのが日課となった。

さちも体力が回復して、赤ちゃんは日に日に大きくなっていった。二週間くらいたった頃、仲良しの卓君が僕に声をかけてきた。

「翔ちゃん、君んちの牛は、大丈夫？」

「何のこと？　この間生まれた赤ちゃんも、さちも元気だよ」

「よかった。あのね。隣村で牛の変な病気が流行り出したと父さんが言っていたから、君んちの牛のことが心配になってさ」

「そうなの？　僕、お父さんに聞いてみるよ」

卓君のお父さんは役場に働いているので、情報が早いのだろうか。

僕は急いで家に帰ると、お父さんに聞いてみた。するとお父さんは、

「誰から聞いたんだ？　まだこの村には流行っていないが、そのうちにこちらまで伝染してくるかもしれないな。そうなったら、大変なことになる！」

「いやだね。もしこの村に流行り出したらどうしよう」

それから、二週間も経たないうちに、三軒先の愛羅ちゃんとこの牛が、よだれを垂らし始め歩けなくなったと聞いた。そしてあちこちに、牛の口蹄疫《こうていえき》という病気が流行りだしたと、村は大騒ぎになった。

そのうちに僕の家でも、何匹かの牛の歩きがおかしくなった。

そんなある夜、お父さんは、村で集会があるからと出かけていった。

僕もお母さんも心配で、お父さんの帰りを待った。三時間くらい経って、お父さんは、肩を落として暗い顔をして帰ってきた。

「お父さん、どうでした？」

「どうもこうもない！　一匹でも病気らしいのが出たら、処分せねばならないとの通達だ」

「そんなひどいことを！　ワクチンを、打てばいいでしょうに」

「そうだよ。予防接種でも、薬でも飲ませたらいいのに」僕はいらだって言った。

「みんな、元気のいい牛だけでも残そうと言ったんだが、感染が広がったら大変なことになるから、一斉処分ということになった」

「そんな理不尽なことを！　ひどいわ」

お母さんは泣き崩れた。僕は何でそんな残酷なことをするのかと、腹が立って怒りが爆発しそうだった。

その内にあちこちの畑に大きな穴が掘られ始めた。

僕は毎日気が気ではなく授業どころではなかった。

「さちはあんなに苦しんでやっと赤ちゃんを産んだばかりなのに、子牛はあんなに可愛くて、お母さん牛にべったりの親子なのに、あまりにもかわいそうだ。せめてあの親子だけでも助けてやりたい」

僕は一晩中眠れないまま、いろいろ考えた。

「そうだ、いつか遠足に行った丘の草原に二頭を隠してやろう。あそこだったら、草もたくさんあるし病気が収まるまで放し飼いにしておいても生きていけるだろう」

僕は、こんなにもよい考えはないと罪の意識さえないまま実行することに決めた。

幸いにも翌日の夜は、一番北側にある牛舎で牛のお産が始まった。生まれてもどうせ絶たれる命とわかっていても父さんも母さんもお産に立ち会っていた。

僕は、両親に気づかれないように、さ

ちとちびちゃんを連れ出した。

僕の気持がわかるのか、さちたちは静かについてきた。真夜中の二時頃、誰一人通らない道を、僕たちは目的地に向かった。

山道に入ると、さっきまで照らしてくれていた満月は、遮られて真っ暗になった。

時折、僕らの気配に驚いたのか、茂みから鳥が飛び出したり、ウサギが横切ったりして、そのたびに僕は怖くて立ち止まった。

「ごめん、さち、こんな暗い道を歩かせて！　ちびもきついだろうけどもう少しだから、頑張って」賢いさちは僕の気持ちを察しているのか、鳴き声も上げないで、黙々とついてきてくれた。

丘の上は海から吹き上げる潮風の匂いが漂っていた。

「さあ、さち、ここでしばらく、ちびと暮らしてね。必ず迎えに来るから」

さち親子は、自由の身になったのが嬉しいのか振り返りもせず、広い広い草原をかけて行った。しばらくすると東の海の向こうから、真っ赤な太陽が上がり始めた。朝日は、僕に「よくやった。必ず君の気持は通じるから」と声をかけてくれたようで、僕は太陽に、

「どうぞよろしくお願いします」と両手を合わせ、お祈りした。

「早く帰らないと両親に気づかれる」

僕は下り坂を転げるようにして、走りに走って家についた。父さんも母さんもお産の世話で疲れていたのか、まだ眠っていた。

僕は何食わぬ顔で朝食を済ませて、学校へ行った。桜ちゃんの牛小屋も消毒が始まっていて息苦しいとか、聡くんの家の牛もみんな大きな穴に埋められたとか、みんなみんな悲しみをこらえて学校へ来ていた。

いよいよ僕の家も畑に大きな穴が掘られ始めた。ほかの牛たちがみんな埋められると思うと胸が張り裂けるように辛かった。

けれども僕にはさちたち親子だけでも残される。それだけが唯一の救いだった。

夕方、学校から帰る頃には青いビニールシートは土でおおいつくされていた。

父さんも母さんも僕には何にも言わなかったが、さち親子は土をかぶせ終える直前に牛舎に帰ってきたそうだ。

何も言えない両親の気持や、村の人々の苦悩はいかばかりかと、伝染病の怖さを僕はひしひしと痛感した。

驚きの清正公さん

真っ暗闇の中で、清正公は突然、何者かに強い力で抑えつけられた。

「一体何者だ！　わしを城主と知っての狼藉か」

相手は、うんともすんとも言わない。

「名を名乗れ。儂に恨みがあっての仕業か」

身動きの取れない中で清正公はイライラが募って大声を上げた。

「誰かおらぬか！　曲者じゃ！　早く取り押さえろ」

どれくらい経ったろうか、聞き覚えのある声がした。

「曲者ですって？　殿、今どこですか」

「曲者に押さえつけられておる。早くやっつけろ」

「殿、曲者なんかじゃありません。地震！地震がおきたのですよ」

「なんだって？　地震だって！」

「瓦も石垣も崩れ落ち、やっとの事では せ参じました」

「そうか、事情はわかった。さあ、今すぐ、わしを助け出してくれ」

「殿、しばしの辛抱を！　力持ちの家来を連れて参りますから」

待っている間、清正公は、考えた。

（この城を造る時、随分たくさんの人々の手をわずらわしたな。その上、秀吉公の命令とは言え外国まで戦に行って、どれだけの罪を犯して来たことか？　こうして、自分の作った城で押しつぶされて死ぬのも自業自得かもしれないな！）

意識が薄れかけた時、やってきたのは横手五郎のほか力持ちばかり。

「殿、大丈夫ですか」

「大丈夫なものか！　もう少しで死ぬところだった」

「遅くなり、まことに申訳ありません」

と言うと、隙間に、鉄の棒等を入れた。

「殿、少し隙間が出来ましたよ」

「そうか、よかったな。とにかく一刻も早く！　足がしびれてならん」

「承知いたしました。少し動いたぞ！」

こうして殿の体は、やっと自由がきくようになった。

「おお、みんな、よくやってくれた。礼を言うぞ」

「とんでもない！　殿、お怪我はございませんか」

「大丈夫だ。さあ城内を見て回ろう」

「いやいや。まだ余震が続いておりますので危なくて駄目です！」

「そんなことを言うな。儂もこの目で現

状を見たいのじゃ」

「しばらくお待ちの程を！」

「覚兵衛、そなたは、いつから、そんなに悠長になったのか。儂は、気がせいてならぬ」

「殿の気持ちはよくわかりますが、今は、まだ、揺れが続いて危険です」

「揺れが収まるまで、しばし待とう。それにしても覚兵衛、お前さんの家は大丈夫か？」

「実は、下の石垣が崩れて、十一年前に建て替えたばかりですのに、傾いてしまいました。しばらくは住めそうにありません」

「それは大変なことじゃなあ、では、一体どこに行けばいいのだ」

「しばらくは避難場所になっている二の丸に参りましょうか」

「仕方ないな。じゃ参るとするか」

二人は、二の丸へ向った。

清正公は、そこに集まっているたくさんの人を見て驚いた。

「こんなに沢山の人々が被害にあったのか！　わしも尚更のんびりしておれないな」

その夜、二人は、寒さを凌ぐように大楠の根っこで、肩を寄せ合って眠った。

「覚兵衛、まだ目が覚めないのか」

「殿は、相変わらず、朝が早いですね」

「早起きは、わしの特技じゃ。昔は干拓地へ、毎日馬を走らせていたからな」

「さようでしたね。現地の庄屋さんより早く着くこともありましたね。ところで、殿、何か食事の支度をいたしましょうか」

「覚兵衛、何もないのに、どうやって調達するのじゃ」

「殿、あの列に並びましょう」

「わしも並ぶのか？　わしは恥ずかしいぞ」

「そんなこと言っている場合じゃありません。非常時ですぞ。まずは腹ごしらえを」

二人は、長蛇の列の中に並んだ。

ところが、二人が、列に並んだ途端、みんなの目が一斉に二人に向いた。そして、じろじろ見るではないか。

「みんな、どうしてわしらを見るのじゃ」

「そうそう、みんなは、この召し物の侍の恰好が珍しいのでしょう」

「こんなに見られちゃ　恥ずかしゅうてならん」

「殿、しばらくお待ち下さいませ」

覚兵衛は洋服を調達すると言って広い公園の中を駆け抜けて行った。

やがて、走って来た森本儀太夫と三宅

角左衛門は、清正公に抱きつくなり無事を喜び合った。それから四人は、森本の持ってきた大きなおにぎりを食べた。

「やはり、おにぎりが一番うまいのう」

「さようでございますね。殿があちこち河川改修されたおかげで美味しい米が沢山獲れるようになりましたからね」

「そうかそうか、そりゃあよかった」

それからというもの四人は、お城の復興について、寸時《すんか》を惜しんで話し合った。

千年に一度の豪雨

僕の名前は哲治《てつはる》。僕んちは、おじいさん、おばあさんと両親と一人っ子の僕の五人家族だ。

僕が小学校三年生の時に、おばあさんから聞いた話だが僕は、三歳の時、インフルエンザをこじらせて、肺炎になってしまったそうだ。

高熱が続き、呼吸困難になって、息も絶え絶え、チアノーゼを起こしている僕を見て、お医者さんは、

「やれるだけの治療はやりましたが、もう駄目かもしれません。持てても今夜が山場でしょう」

と言われたそうだ。

「たった三歳で、亡くなるなんて、ひどすぎます。神様、私の命に代えても、この子を助けてください」

と、母さんは、泣き崩れた。

その夜は家族みんなが、点滴でつながれている僕を見守りながら祈り続けていたそうだ。

家族全員一睡もしない朝方の事、息も絶え絶えの僕が、突然
「おじいちゃん。あゆ、あゆ！」と、
言って汗びっしょりの手を動かした。

おじいさんは、はっとした。

つい先日、球磨川に、釣りにつれて行った時の事を!

ピチピチはねる鮎をみて、飛び上がって喜んだあの時の嬉しそうな顔を思い出した。

「哲治、じいちゃんだよ。わかるか!病気が治ったら、また釣りに行くぞ。早く元気になるんだよ」

その直後、僕は、ちょっぴり目を開けて、みんなを見回した。

「哲治、気がついたのね。よかった」

母さんは、ほっとしたように云った。

父さん、母さん、おじいさん、おばあさんの顔が、涙にぬれていた。

つきっきりだったお医者さんも
「熱も下がっている。まさに奇跡ですな!これで、きっとよくなるでしょう」

こうして僕は、あの世へ行く寸前に、生き返ったそうだ。

しかし、その後、僕は、風邪を引くと必ず扁桃腺が腫れて熱発したり、気管支炎をおこしたり、ひどくなると、気管支喘息を起こした。それからというもの、おじいさんは、哲治の体力作りによいと思うことを、いろいろ試みてくれた。

まずは近場の市房山へ、山登りを月一回、そして川上での清流釣りや、山菜採り等いろいろなことを教えながら、体を鍛えてくれた。

時には見たこともないきれいな鳥に出会った。

「あそこにいる鳥、あれなんていう鳥？きれいだね」

「あれか、あれは、かわせみと言うのだよ。山には、やませみもいるのだよ、そのうちきっと出会えると思うよ」

「へえ、かわせみ、やませみがいるの。僕、早く見てみたいな」

今まで見過ごしてきたものや、新しい発見もいっぱいあった。

川はいつも澄んだ水が静かに流れ、その中にハエや、マスもイワナも泳いでいた。

でも一番の楽しみはなんと言ってもアユ釣りだった。釣る楽しみの後の塩焼きが最高においしかった。また、おばあさんは、うるか（アユの内臓の塩づけ）を作ってくれる。いつの間にか、僕は、アユが大好きになっていた。

また、川下りも最高だった。

三大急流といわれる川を、船頭さんが、うまい具合に岩場をすり抜けて操る竿裁きに、驚きの声を挙げながら、川下りのスリルもおぼえた。

そして僕に一番、影響を与えてくれた

のが野球だった。

野球の神様と言われる有名選手の郷里だと言うことで、僕の地方では、特に野球好きが多かった。

幼稚園に行くようになって間もなくのこと。おじいさんは、河原でキャッチボールの相手をしてくれた。

そのうちに、近所の子ども達を集めて、草野球のチームを作り、野球の面白さを教えてくれた。

おかげで、僕はおじいさんの期待通り、すくすく育って心身ともに、強くなっていった。

これも、体が弱かった僕を、おじいさんが鍛えてくれたお陰だと両親もおばあさんも、いつもおじいさんに感謝していた。

哲治は、高学年になると、野球も、ピッチャーの大役を任せられるようになった。そればかりでなく、体がでかいぶん、打球も伸び、ホームランも評判になるくらい連発した。郡内の対抗試合でも、投げる、打つ、走ると、大活躍で田舎では、一目置かれる存在になっていった。

「哲治、お前、将来プロ野球の選手になるか」

と、父さんによく言われて、僕もその

気になったりした。

野球大好きのおじいさんは、昔、野球選手だったとか、自分が叶えられなかった夢を、孫に託したい気持も大きかったようだ。だから、僕に、有名選手の名前をつけたとか…

六年生の三学期になって間もなくのこと、父さんが、

「もしかしたら、東京に転勤になるかも知れない」と言った。

「僕、いやだな。おじいさん達と、ここで暮らすから、父さん達だけで行ってよ。僕は、ここが大好きだし、第一、友達とも別れたくないから」

「そんなこと言わないでよ。おばあさんだって、あなたの野球着の洗濯だけでも大変だから」

「洗濯くらい何でもないよ。私たちは、ずっと哲治と一緒に暮らせると思っていたから、行ってしまったら寂しくなってしまうよ、ねえ、おじいさん。私たちで面倒をみてあげましょうよ」

「俺も別れるのは辛いが、行くか、行かないかは、哲治が決めたらいいさ」

「僕は絶対に行かないよ」

「哲治、お前、野球大好きだろう？　もしも、本当のプロを目指したいと思うな

ら、都会の方が、チャンスは多いと思うけどな」

と、父さんは、僕の痛いところを突いた。

母さんは、たった一人の息子を残していくのは心残りで、またおばあさんにも迷惑かけるからと、半ば強引に僕を諭《さと》した。

いよいよ、父さんの転勤が本決まりになっても、僕は決断しかねていた。

「もしかして、本格的に野球をやったら、プロの道も夢ではない」と思う気持ちにもなった。僕は、悩みに悩んだ末、父さん達について行く事にした。もし都会の空気が合わなければ、帰れる家があるからと思って、出発の日を迎えた。

おじいさんもおばあさんも、仲良しの野球仲間も涙を流しながら、僕たちを送り出してくれた。

「必ず帰って来るから元気でいてね」

こうして僕たちは、故郷の町を後にして東京へ引っ越した。

高層ビルだらけに、人のひしめき合う都会に、僕はめまいを起こしそうだった。そして、果たして雑踏になじめるかと、不安も募った。

そんな僕に父さんは、少年野球のチー

ムを探してくれて早速入部をさせてくれた。

新しい野球仲間が出来るのにあまり時間はかからなかった。

言葉の訛りのある僕だったが、全然ひけをとることもなく活躍の場も出来た。

その頃、僕のクラスでは、休み時間になると『鬼滅の刃』の話で持ちきりになった。

僕は、仲間から取り残されそうで、猛君から本を借りて読むことにした。

読んでいるうちに、怖いのとハラハラドキドキの場面の虜になった。

次は、どうなるだろう？　炭治郎と妹の行方は！　等と思っているうちに、僕は、つい時間の経つのを忘れていた。気づいた時は、もう真夜中を過ぎていた。

早く寝なければ、明日は、区内チームの野球大会がある。

僕はあせった。ピッチャーという大役なのに早く寝なければ…、焦れば焦るほど僕は興奮して、何度も寝返りをうった。

そして、かなり、経った頃、浅い眠りについていた。

どれくらいたったのだろうか？

僕は、土砂降りの雨の中を、何者かに追いかけられていた。

逃げても、逃げても追いかけてくる。

後ろを振り返ってみると、青いだぶだぶの着物を着て、角を生やした奇妙な化け物が、牙をむきだして木刀を振り回しながら、迫ってきた。

逃げようにも、大雨でぬかるんだ道は滑る。ぬかるみに足を取られては、転ぶ。

倒れたところを、化け物が足を引っ張り、僕の足に食らいつこうとする。

「ああ！　もう駄目だ！　おじいさーん！　助けて！」

もがきながら声を出すのだが、声がうめき声になって、声にならない。

その時、僕の声に驚いた母さんが、

「哲治　何か怖い夢でも見たの！　うなり声が、ひどかったよ！」

「ああ、こわかった！　夢だったのか？夢でよかった。それにしてもリアルだったな！」

「そんなに、こわい夢だったの？　ああ。そうそう、球磨方面が大雨らしいよ。おじいさん達は大丈夫だろうかな」

母さんが、不安そうに言った。

父さんもテレビを見ながら、どんどん増水し始めた球磨川の様子に、目が釘付けになっていた。

「父さん、おじいさん、おばあさんは、大丈夫だろうか？」

と僕が言うと、

「そうだな。実家は、川のすぐそばだから、早く避難しないと危ないかも知れないな」

父さんは、映し出されるニュースを見て、おじいさんに電話をかけた。

ところが、家の電話も携帯も、つながらない。

「困ったな。みんなが電話をかけるから混線しているのだろうか？」

「早く、避難されていればいいんですけど」

と、母さんも心配そうに言う。

「しっかり者のおじいさんだから。きっと高台に避難していると思うよ」

僕は不安をかき消すように言ったが、いても立ってもいられない気持だった。

「おじいさん。おばあさん。無事でいてね！」

僕はテレビに映し出される濁流を見ながら、ただ、ただ、神様に祈った。

しかし、僕の祈りもむなしく、球磨地方の豪雨は、一向にやみそうになかった。土砂降りの雨、刻々と増水する川は、まるで怒り狂った竜が暴れ回るように、堤防を越え、人吉市内の町に濁流が流れ込んだ。

テレビは、逃げ場を失った人々の、二階から屋根の上に上がって救助を待っている人を映しだした。

「こりゃあ、大変だ！　おじいさん達は避難しただろうか」

父さんもまた、同じ事を言っては、心配顔で部屋の中を行ったり来たりしていた。

間もなく、少し下流の町一面、堤防をこえた濁流が流れ込んだとのニュースが流れた。

球磨川と川辺川の合流する近くに立っている老健施設が危ないとの報道もあった。

「こんなに豪雨だったら、何処にいても、安全な場所はないからな」

心配のさなか、僕に、雨のため野球の試合が中止になったと、ラインが入った。

それで、テレビばかり見るので、余計に心配が募り、じっとしていられなかった。

あのきれいだった川に、夥《おびただ》しい流木が流されている。

いろいろな家庭用品も、ぶっかりあいながら流されて行く。

おじいさんと、魚釣りに行く時、渡った橋も半分流されている。

僕は、つい数カ月前まで暮らした故郷が、こんなにひどいことになるなんて思いもしなかった。大好きだったあのきれいな川が氾濫するなんて、今まで考えたこともなかったのに、どうしてあんなに雨が降るのだろう！

「一刻も早く止んでくれ。仲良しの拓也や綾ちゃんは大丈夫かな？　同級生のみんなも無事だろうか！」

連絡がつかないだけに、心配だけが募った。

おじいさん、おばあさんの様子が、わからないまま夜を迎えた。

ところが、あんなに繋がらなかったスマホに、おばあさんの取り乱した声が聞こえた。

「おじいさんが！　おじいさんが！」

「お母さん、大丈夫か？　お父さんが、どうかしたの？」

「おじいさんが！　おじいさんが、流されたの！」

「まさか？　避難していなかったの？」

「避難しようとした時には、窓を突き破って水が入り込んで来たの。あっという間に、水が増して、外に出られなかった。おじいさんは、天井を破って、私を、屋根に上げてくれたの！　その直後に、濁流がおじいさんをさらって行ってしまったの。私を助けたばかりに！　私だけ助かって！　どうしよう。私も死にたい」

「お母さん。落ち着いて！　それで、お父さんの行方は、まだわからないの？」

「それがまだ、何にもわからないの」

「大丈夫だよ。おじいさんは、スポーツマンだし。泳ぎもうまいし必ず自力で帰って来るよ」

と、僕はおばあさんの不安をかき消すように言った。

おばあさんは父さんに、

「とにかく、早く帰ってきておくれ」

「わかった。すぐ帰るようにするから。お母さん、しっかりするんだよ」

僕がついて行くというと、両親は反対したが、おいて行くのも心配だし、大好きなおじいさんに、どうしても会いたいという僕に両親は、反対はしなかった。

汽車も飛行機も不通の中二日遅れで、郷里に向かった。

新型コロナの流行で都内から、移動するのもままならなかった。

いつもなら空港から四時間くらいで帰れるのが回り道しながらいつもの倍以上も、かかった。

いたるところ、崖崩れや線路の寸断で、遠回りして、やっと、おばあさんがいるという高台の避難所についた。

そこでは、同級生の皆も、不安そうな顔をして、僕らを迎えてくれた。

ところがそこにいるはずのおばあさんはいなかった。友達の話によると、おばあさんは病院に行っているとのこと、僕らは、役場の係の人に聞いて、おばあさんがいるという病院にいった。

集中豪雨の水害による恐怖と、おじいさんが流されたという二重のショックで具合が悪くなったのではないかと心配しながら病院へ駆けつけてみると、病室のベッドの横に座っているおばあさんが見えた。

おばあさんの座る横のベッドにはなんとおじいさんが眠っているではないか！

「おばあさん」

僕らは一斉に声をかけた。

おばあさんは申し訳なさそうに、

「ごめんね。あんた達に連絡する余裕がなくてね。心配かけたね。」

「おじいさん助かったんだ。よかった。」

僕はほっとしておじいさんの顔をみた。

顔中傷だらけだったがおじいさんは、安心したような顔をして眠っていた。

「お父さん。心配したよ。でもほんとうに良かった。奇蹟だ。」

と父さんは何度も繰り返していた。

おばあさんは、おじいさんの生存が分かってからずっと病院で付き添っていたらしい。

「おばあさん疲れたでしょう。私がついていますからしばらく休んで下さい」母さんは、おばあさんに言ったが、

「おじいさんが目を覚ますまでついているからあなたたちこそゆっくりなさいよ」と言ってベッドからはなれようとしません。

「おじいさん。おじいさん」と僕は声をかけた。すると、おじいさんは、不思議そうな顔をして僕をみつめた。

「おじいさん。僕だよ。わかる？」

するとおじいさんは、

「おお、哲治かよくきてくれたね」

「おじいさん心配したよ。目がさめてほんとうに良かった！」

「みんなに心配かけたね。でもこうして生き返ってきたよ。これもお宮さんの神木のおかげだよ」

「それ、どう言うこと」

「おじいさん達が子どもの頃良く遊ばせて貰っていたお宮さんの榎木の枝分かれ目に上手い具合にお前に作ってやっていた机が引っかかって一命をとりとめたんだ。それっきり気を失ってしまって、気付いた時はこのベッドだったよ」

「お父さん。神様に助けられるとは、ほんとうに運が良かったね」

「夢みたいだね。ほんとうによかったよ。

おじいさん　これから、きっと長生き出来るよ」
みんなの顔に、花が咲いたように笑顔が広がった。

僕の島は宝島

東に上天草の大矢野町、西には島原半島が見える海の中にぽつんと浮かんでいるのが湯島である。

その昔、天草と島原の村の衆や、キリシタンのリーダーたちが悪政に抗議するために作戦を練った事から談合島とも呼ばれている。

周囲六・五キロの小さな島は、猫の数が多いことで猫島とも言われている。

島には、信号機もない、交番もない、泥棒もいない。本島からの橋もない。沢山の猫と共生するとても暮らしやすい島で僕は生まれ育った。

お父さんやお母さんは、島では仕事がないから、遠い町で働いているので、なかなか会えない。特に新型コロナが流行りだしたら余計、帰って来てくれない。

でも僕には、漁師のおじいさんと優しいおばあさんと十匹の飼猫とスマホがあるので、あまり寂しくない。

小さい時から、おじいさんの船に乗って錨を下ろして、海底まで澄んでいる海に潜って岩についているアワビやサザエや沢山のウニを捕ったりして、漁の楽しさを覚えた。

僕が、大きな鯛を矛で突いた時など、

「さすが俺の孫だ」

と顔をしわくちゃにして喜んでくれた。

そんなおじいさんの嬉しそうな顔を見て育ったので、僕は、ずっとこの島にいて、漁をしようと思っていた。

でも最近は、僕の小学校では生徒が六人、中学生が数人だけの寂しい学校になってしまった。

僕のたった一人の友達の弘君は、卒業したら熊本市内の中学校へ行くと言う。

僕のお父さんもお母さんも、

「拓也は、この島を出て、進学校へ行くのでしょう」

と言うが、僕は、おじいさんやおばあさんの事を思うとそんなに簡単に決められない。

ある日の夕食の時、おじいさんが僕にたずねた。

「拓也、中学校はどこにするか」

「まだわからん。僕が出て行ったら、おじいさんもおばあさんも寂しくなるだろう？　それを思うと僕はどうしたらいいかわからん」

「そうか、拓也も悩んでいるのか？　おまえの父さんもずいぶん悩んだそうだが、じいちゃんは、島で暮らす事の大変さを知っているから、好きな道を進みなさい」と言った。

「本心はこの島に残ってもらって、あと継ぎをして貰いたかったが」

「それじゃ、僕がおじいさんのあとを継ぐよ。かわいい猫たちもいっぱいいるし、魚も沢山とれるから、ここで、おじいさん達と一緒に暮らすよ」

「それは駄目だ。お前は、もっと大きな夢をもたなくては」

今まで怒ったことのないおじいさんが、怒鳴るように言った。

「僕、おじいさんが大喜びしてくれると思ったのになあ」

「お前のその気持は有り難いが、漁師の仕事だけで稼ぐということは、並大抵ではない。じいちゃん達の事は心配いらないから、おまえの好きな事をやりなさい」

「それじゃ、僕、ユーチューバーになるよ。ここのきれいな海や沢山いる猫たちを動画にして日本中へ発信すれば受けると思うよ。そうすれば、大金持ちにだってなれる。そしたら、おじいさん、おばあさんに孝行出来るからさ」

「拓也よ、そんなことで、大もうけするような甘い考えはいかん。もっと違うことで、社会に貢献すべきだ」

「だって、僕は頭も悪いし、いい学校に

入れそうもないからさ」

「いやいや、本気で頑張れば道は開けるぞ」

「そうか、天草四郎みたいになったらいいか！　あの人は十六歳で一揆軍の総大将になって幕府軍と戦ったと言われているけど、若いのに、すごい人だったんだね」

「彼は、島原と天草の一揆軍の総大将として、三万五千人とも言われる大勢の人々と原城に立てこもり、最後まで戦い抜いて壮絶な死をむかえたが、その功績はずっと後世まで語り継がれている」

「僕には到底できっこないことだね」

「ひどい悪政の時代だったからな。三年も悪天候が続き、農作物はとれない中で重税に苦しめられるし、キリシタンは弾圧された時代だったからなあ。みんなが一致団結して立ち上がったんだ」

「その頃に比べたら今は幸せな時代だね」

「そうばかりじゃないよ。地震もあるし風水害も多くなった。台風も以前に比べたらどんどん強くなってくる、おまけにコロナまで流行りだしたし困ったもんだ」

「あっ、そうだ。おじいちゃん、僕いいこと思いついたよ。今、新型コロナ流行で、沢山の人々が困っているだろう。厄介なウイルスをやっつけるワクチンの発明をしたら、世界中の人々が、助かるよね」

「そうだ。そうだ。これから先、ずっと人間とウイルスとの戦いが続く。そんなワクチンが発明出来たらなあ。何事も挑戦だ。その方面の勉強をしてみたら？　努力必死でがんばれば道は開けるぞ！　努力して見ろ、拓也。じいちゃんも応援するぞ」

少しお酒の入ったおじいさんの夢見るような顔が拓也にはまぶしかった。

おごれるものよ

海に突き出した海岸の一角に、まるで龍が首をもたげているように曲がりくねった松が生えていました。村の人々は、その松の木を龍神の松とよんでいました。松の木は年月と共にますます龍に似てきました。

実は、その大きな松の木の根っこの祠に龍神の子、タクマが住んでいたのです。

タクマの父は、タクマが生まれて間もなく火の国を統治するため北の高い山に行き、東北一帯を見守る役目があったので根子岳の麓にすみついていました。

阿蘇山が爆発したり、水害であちこちがやられたりするのを目の当たりにして自分で出来ることを精一杯やらねばならないのでタクマのもとには、一度も帰ってくることはありませんでした。

母は、タクマを生んだ後に体調をこわして実家の薩摩の湖に静養に帰ったきりタクマ達のもとには帰って来ませんでした。

そんな訳で　タクマはおじいさんに育てられました。父の顔も母の顔も知らないままタクマは青い海を眺めながらのびのびと育ちました。

でも、おじいさんは、優しいばかりではありません。

タクマは、おじいさんから食べることや、生きていくための守り事を、一つ一つ何度も繰り返し教わりました。

まず、絶対に自分の姿が、人々に見えないように身かくしの術を覚えること。みだりに人間のいるところには近寄らないこと。困っている人々を、こっそりたすけてあげることなどを事細かくきびしく教え込まれました。

タクマは、やんちゃでしたが、おじいさんの教えをよく聞いて日ごとにたくましく、賢い子になっていきました。


そして、タクマが10歳になった頃です。

おじいさんは、タクマがひとり立ちできると思ったのか、海を隔てた生まれ故郷の島原半島へ帰っていってしまいました。

暗いくらい祠の中で、一人ですむことは、タクマにとってはさびしすぎました。

毎日夜になると海岸へ出て、真っ暗な海に向かって、

「おじいさあ〜ん」と思いっきり呼んでみました。しかし、かえってくるのは、ザザァザア　ザァッという波の音とタクマの悲しそうな叫び声のこだまばかりでした。

時には、顔も知らないお父さんやお母さんも呼んでみるのですが、その声は波にかき消され、風の音に乗って遠くへ飛んで行ってしまいました。ただ、月や星が答えるように、きらきら輝きを増すばかりでした。

毎晩、毎晩叫ぶその声を聞いていたのは、桜の精たちでした。

「一体どうしたの？　なぜ、毎日そんなに叫んでいるの？」

突然の声に、タクマは、びっくりして声のする方を見ました。声はほんのり香るさくらの木のてっぺんからでした。

「ぼく一人ぼっちなんだ。暗い祠の中で、たった一人は、さびしくてやりきれないよ」

「そう、だったら私達が咲いている間だけでもこの木に遊びにいらっしゃいよ」

「ほんとう？　ほんとに行ってもいいの？」

「どうぞ、どうぞ！　みんな大かんげいよ」

「よかった。今夜から遊びに行くからね」

「まってるわよ」

タクマは、生まれて初めて会う桜の精達の事を考えるとじっとしてはいられません。

タクマは、暗い祠の中で桜の精たちの事を考えては胸が高なり、ドキドキする心を抑えていました。

やがて、海の向こうに夕日が沈む頃、待ちきれずタクマは暗い祠から頭を出して見ました。

赤、白、グレイ、オレンジ色の色とりどりの雲がタクマの目の中に飛び込んできました。

その中には、まるでタクマそっくりの龍の形をした雲も見えました。

「ぼくの変な姿に桜の精達は、怖がるかもしれないいな?」

タクマは、不安をかかえながらも待ちきれず桜の木に近づきました。

海岸沿いには沢山の桜並木が満開の花を咲かせて淡い香が漂っていました。

「何処にいったらよいのかなあ」

タクマがキョロキョロしていると

「こっち。こっちよ」と声がしました。

桜並木の中でも、ひときわ大きい桜の木のてっぺんからその声はしました。

タクマは、

「約束通りやって来たよ」

「きてくれたのね。よかった。さあさあ、こちらにいらっしゃい」

タクマは、姿を消して桜の木のてっぺんに舞い上がりました。

「こんばんは」

「こんばんは。私、サラ姫よ。ここの花には、みんな桜の精がついているのよ。会うのは、はじめてだわね？　姿見せてよ」

「だって、ぼくの姿見たら、誰でもびっくりするから、おじいさんから絶対姿は見せないように言われているんだ」

「だって、声だけじゃつまらないもの。遠慮いらないからこっちに来て姿見せなさいよ」

　あんまりサラ姫が言うのでタクマは思いきって姿を見せました。

　サラ姫は、一瞬びっくりした様子でしたが、

「なーんだ！かっこいいじゃない！　ねえ、いろいろ私たちの知らないこと　お話し聞かせてよ」

　それからタクマは毎日桜の精達に囲まれて、夜の明けるまで話し続けました。

　タクマは、ひとりぼっちのこと。父さん、母さんの顔も知らないこと。大好きなおじいさんとも別れてしまったこと等、いろいろ話すことで寂しさもつらい事も消え去ってしまったようでした。

「タクマは、自由に動けるのだからいいわね。うらやましいわ」

「何処へだって行けるのはいいんだけど、

ぼくの姿を見たら、みんな怖がるんだ。

その上、誰も友達がいないもの」

「でも、タクマは、どれだけでも長生き出来るでしょう。だから、あなたには、なさねばならないことが沢山あるのよ」

「ぼくがすることって何なの？」

「そうね。黄色い蝶から聞いた事だけど今、遠い世界で戦いがあっているらしいの。人が人をころしあうなんて、あんな残酷な事は一日も早くやめさせなくては駄目だよ。人間ってどうして、愚かな事を繰り返しているのかしら？　罪のない人々はかわいそうよ」

「戦いって何なの！　ぼくは何にも知らないよ」

「自分たちの欲のため、他所の国に攻め込んで国を奪おうとしているらしいの。何の罪のない人々が爆弾でやられ家を失ったり、怪我したり、亡くなったりしているらしいの？」

「そんなことがあっているなんて知らなかったよ。ひどいね」

「そうよ。タクマは、自由に動けるのだから、みんなが安心して暮らせるように、世界中が平和になるように、しっかり見回って悪いやつをやっつけてよ。タクマだったら何でも出来ると思うよ」

タクマは、桜の精達と時の経つのも忘

れて話し合いました。

1週間位経ったでしょうか？桜の精達からは元気がなくなりはじめました。だんだん無口になっていく桜の精達に
「具合が悪いの？　ぼくがあんまり話しかけたから」

「そんなのではないの。悲しいけれど、もうお別れの時がきてしまったの！」

「いっちゃ駄目だよ。何時までもお友達でいようよ」

来年の今頃、またあえるからね」

「いやだよ。折角友達になれたのに」

「タクマ、あなたはずーっと長生きして世の中を幸せにしてね。私達、あなたを見守っているからがんばるのよ。じゃ元気でね」と言うと
桜の精の声が青い海に溶け込んで見えなくなってしまいました。

『ぼく、また一人ぼっちになってしまった。これからどうすればいいんだろう』

タクマは、毎日毎日桜の木の下に来ては、あの淡いピンク色をした桜の精達の事を思い出しながらさまよっていました。

そんなある日のことです。

一匹の黄色い蝶が、タクマの頭に止まりました。

ごつごつした突起にとまった蝶は、一瞬、びっくりしたようでしたが、

「一体どうしたの？　そんなにしょげこんで？」

「ぼく、また一人ぼっちになってしまった。大好きな桜の精達が、どこかに行ってしまったんだよ」

「なーんだ！　そんなことで悩んでいるの？　情けないね。しっかりしなさいよ！　あなたには、今、しなければならないことが一杯あるじゃない。あなたにしか出来ないことが沢山あるのよ。もう時間がないのよ」

「それ、一体どういうこと？」

「そんなことも知らないの？　今、遠い国では戦争があっていて、いろんなものが壊され、水も食べ物もないのよ。住む家さえなくなって、さまよっている人が沢山いるのよ。早くどうにかしてあげないと飢え死にしてしまうわ、一日でも早く戦争を止めさせないと大変な事になるわよ」

「そんなこと全然知らなかったよ」

「だから、祠の中で桜の精の事ばかり思っているから世の中が解らないのよ」

「そういえば君のことを話してくれたよ」

「そう桜の精達だって言っていたでしょう。もう時間がないわ！　さあ、早く出かけましょう」

「一体どこへ」

「だまってついてくればいいのよ」

タクマは、黄色い蝶にうながされて出発することになりました。

「あなたは、昼間は絶対に姿を見せちゃだめだよ。夜誰もいないところでは、かまわないからね。とにかく私の言うとおりにしてね。それから私の事、千代って呼んでいいから」

「わかった。じゃあ千代姫にするね。今からそう呼ばせていただくからね」

それから二匹は、広いひろい海の上を風に乗って舞い上がったり、疲れた時は、船の上で体を休めたりしながら西へ西へと向かいました。

千代姫の元気のいいこと、龍のタクマでさえ出来ないような宙返りやら、気流に乗ることなど神業と思う位自由自在に飛び回るのでした。

タクマは、夜海の上で、キラキラ輝く星を眺めるとあの桜の木の精達の事が思い出され、無性に懐かしくなるのでした。

こうして長いながい旅が続き、やがて港につきました。そこには大きな黒い船が碇泊していました。でも船の行き来は殆ど見えません。

「タクマ、着いたわよ。でも、これから先、危険が一杯あるから絶体に姿を見せては駄目よ」

「解ったよ。千代姫の言うとおりにするから」

町に入ったタクマの目に飛び込んできたものは、真っ黒焦げになった車、無惨に焼きつくされ破壊されたビル。学校も、教会も、市役所も病院さえ至る所に、爆破された建物などが、痛々しい姿で立ちつくしています。

時々、痩せ細った犬が餌を求めてうろついているだけで人間の姿は何処にも見られません。

「千代姫、人の姿が全然見えないんだけど、みんなは何処に行ってしまったのだろうね」

「ここは危ないから、みんな隣の国へ避難したり地下壕にくらしたりしているらしいのよ」

「かわいそうだね！　ぼく地下壕に行っていいかなあ」

「そう、じゃ、のぞいてみましょうか」

タクマは、ある壊れかけたビルの地下に千代姫のあとをついて行きました。

そこでは、冷たいコンクリートの上に、毛布一枚を敷いて悲しそうに寄り添っている家族がいます。一枚の食パンを細かくちぎり子どもたちに与えているお母さん。みんな無口で、笑顔を忘れたかのように無表情の人々であふれていました。

爆弾の破片でやられていても、怪我の手当さえ出来ず痛みをこらえている人、おっぱいをほしがって泣いている赤ちゃん。その壕の中は、まるで地獄絵図を見るようでした。

「千代姫。可哀想だね。どうにかしてあげないとみんな飢え死にしてしまうよ！」

「そうよ。だからこうして、ここまで来たんじゃない」

「どうしたらいいかな？　僕らで出来ることは、何があるのだろうか」

「一刻も早く戦争を終わらせることが先決よ」

千代姫は怒ったように言いました。

「人間って、どうしてあんな残酷な戦争をするのだろう？　一番大事なものは、命なのにね」

「そうよ、他所の国を侵略したり、人を殺したり、なんにならないことを繰り返しするのでしょうね。他所の国まで攻めて行かなくても自分の国で出来る事を考えて仲良く生きていけばいいのに！」

「そうだ。ぼく、悪いやつをやっつけてくる」

「タクマ。待ってよ、敵国にだって、いい人も一杯いるの。だからこれ以上犠牲

者が出ないように政治を動かしている
リーダーの人と話し合うことが先よ」

「リーダーって誰なの？　何処にすんでいるの」

「タクマ、私も一緒に行くから」

それから、二人は、北へ北へと向かって急ぎました。

何処までも続く広い小麦畑の中も人の気配すらありません。時々、ドーンと言う爆撃の音がします。

油断すれば敵の爆弾にやられるかもしれません。

季節外れの蝶に気づいた人もいますが、みんな見る余裕などないのです。道路は、安全な場所を求めて行列を作って急いでいる人々の群れでいっぱいでした。

家族からはぐれて泣きながらあるいている子には、そっと寄りそって、時にはタクマの背中に乗せて行列に追いついてやりました。

あちこち爆弾で破壊された町の中には置き去りにされて痩せ細った犬や猫も餌を探し求めてうろついています。怪我で動けない人や、放置された死体。目を覆いたくなるような残酷なものがいやでも目に飛び込んできます。

「ひどいね！　絶対にゆるせない」

「善良な人々に危害を加えるなんて人間

のやることじゃないね！　さあタクマ
いそぎましょう」
　タクマ達は戦争を仕掛けた国へ行って
みました。
　そこで、タクマ達の見たものは、息子
を戦争にとられ、亡くなったと言う母親
達の泣いている姿でした。
　町には、戦争反対のプラカードを持っ
たデモ隊も見えます。でもそんな人々を
捕まえてどこかに引っ張っていく兵士の
姿も見えます。
「千代姫、ひどいね！　みんな戦争には
反対なんだろうにね」
「そうよ、誰だって命が惜しいし、戦争
には反対のものが多いのよ。それなのに、
上に立つ一部の人々によってひどい被害
が出ているのよ」
「なんで他所の国までせめて行くのかな
あ」
「そうよね。自分の欲のために善良な
人々を戦場に送り込んで自分ばかり贅沢
するなんてひどいと思わない」
　千代姫が怒りの声をふるわせました。
「ぜったいに許せない。こらしめてやり
ましょうよ」
「うん！　やろうよ」
「タクマが龍になって姿をあらわしたら、
あのリーダー、きっと腰をぬかすわよ」

「よし、やってみよう。ひとつふたつ、ぶん殴ってやりたいよ」

「みんな貧しくとも助け合いながら幸せにくらしていたのにね。かわいそうすぎるもの。その罪は絶対にゆるせないわ」

やがて、まるでお城のような真っ白な殿堂にたどりつきました。そこには、いかつい格好をした警備兵が何人もいて、外からは絶対に入れないように見張っていました。

「タクマ、私が先に中に入るから、あなたは姿が見えないように用心して入ってね」

「わかった。千代姫、いろいろ指図してくれたら言うとおりにするから」

千代姫は、ひらひら舞いながら、御殿に入って行きました。

警備は厳重です。でもタクマは、姿を消しているので、人間には見えません。

リーダーは、部下から、その日の戦争状況を聞いて、何処まで攻めて行って、どれくらいの戦勝だったかと事細かに聞くのが日課でした。

それから、おいしいワインを飲み、上等の肉料理を食べて、その後は大理石の大きな湯船につかるのでした。

リーダーは、満足そうな顔をして、またも湯船の中で、上等なワインを飲みはじめました。

「善良な人々を地獄に陥れ、自分ばかり贅沢をするなんて絶対に許せない」

千代姫に、またも怒りがこみ上げてきました。

そこで、千代姫は考えました。

「そうだ！　一番くつろいでいる入浴の最中にタクマが姿を現したら、きっと驚くでしょう。そうね。それが一番よい方法かもしれないわ」

千代姫は、我ながらいい事を考えついたと思いタクマに打ち明けました。

「よし、やってみよう」

その夜、タクマは、千代姫の言う通り、湯船でくつろいでいるリーダーの目の前に姿を現しました。

不意打ちにあったリーダーは
「わあー　化け物だ！　誰かいないかー」

と部下を呼びました。

リーダーの前には、目をらんらんと光らせ、今にも、つかみかからんばかりの姿をしたタクマの姿がありました。

突然姿を現した龍の姿を見たリーダーは、驚きのあまり心臓発作を起こして湯船の中で一生を終えました。

あれだけ、勝手なことをして、沢山の犠牲を強いて、自分だけ贅をつくしたリーダーは、あまりにもあっけなく消え去ったのでした。

　その後、平常の生活に戻った両国は、仲良く行き来をするようになって元の平和を取り戻し、人々に笑顔がかえってきました。大きな役目を果たしたタクマは、千代姫と共に生まれた故郷へとむかいました。

つゆ

一昔前、結核は、国民病として恐れられていた。

病気の怖さは分かってはいるもののその原因を知っているものは、ほとんどいなかった。

「あそこの家には、咳がひどくて血を吐いて死んだ人がいる。嫁も孫も死んだぞうだ。きっと疫病神にとりつかれたんだ。あの家に近寄るでないよ」

そんな噂を聞いた子供達は、そこの家の前を通る時は誰言うともなく、手で口を塞《ふさ》いで息を止めて走り過ぎたものである。

つゆが二歳の時、父は結核で死んだ。二歳上の初音とつゆを残して！

それから、つゆ一家の壮絶な生活が始まった。

母は、着物の仕立てで、二人の子を育てていたのだが四、五日くらいかけて出来上がった仕立賃では食べていくだけで精一杯だった。

夏まつりに出かける子供達に僅かな小遣い銭もやれなかった。それ以上に子供達と遊んでやることも面倒を見てやる時間さえなかった。

つゆの父は、母と結婚してまもなく、咳がひどくてこちらに来た時はすでに結核を患っていたようだった。父の両親が血を吐いて亡くなっていたので、自分自身も、両親と同じ病気ではないかと不安を抱えていた。

いよいよ死期が近づいていることを悟った父は母に、

「あなたには、迷惑ばかりかけて本当に申しわけない。小さい子供達を残して、死ぬに死にきれないがあなたに会えてしばしの間だけでも、幸せだった。もしもあなたが子供達を育てられない時は、僕の実家を頼ってくれ」

と、言って徳山の住所を書き残し間もなく、息を引き取った。

残された母は、働いても働いても楽にならない日々の中で、思いきって、夫の実家の徳山に手紙を出した。

（初めてお便り致します。実は夫、一郎さんから本当に困った時は、そちらに連絡してほしいと言われていました。失礼をお詫びかたがたお便りをさせて頂きます。もしも力を貸して頂けるなら相談に乗って頂けませんでしょうか？　実は一郎さんとの間に二人の女の子が生まれました。現在、七歳と五歳です。私の力不足で、まともに子育ても出来ない状況で、二人の子供達にも不自由ばかりかけております。もしも、そちらで余裕がございますならしばらくの間でもかまいませんので、一人だけでもよいですから預かっていただけませんでしょうか？）

母は子供達の将来を案じて、父の実家に手紙をしたためた。

驚いたのは、徳山のおじさん達一家。

当たり前だったら、長男の子どもの一郎が、ここの問屋を受け継ぐはずだったのに、家を飛び出して以来音沙汰なしの八年間だった。

捜索願いも出していたのだが全くわからずじまいだった。

驚いたおじさんから早速、

「こちらできちんと面倒を見てあげるからすぐにこちらに連れてきて欲しい」

との返事が来た。

母の梅は七歳の初音を連れて、初めて関門海峡を渡った。

道中、初音は、

「母さん、ご飯も食べなくていいから初音は母さんやつゆと一緒にいたいよ」と泣いた。

「初音、おじさんの家では、みんな親切にしてくれるから、ひもじい思いもしなくていいよ。これからはおなかいっぱいご飯も食べられるからね。もしつらかったらお手紙ちょうだい。かならず迎えに来るからね」

と切手を貼った封筒を初音に渡した。

初めて見るおじさんの家は大きくて、人がいっぱいだった。いとこの元さんや、奥さんは、目が大きくて気が強そうで、ぶあいそうだった。

「心配いらないから、俺たちが立派に育ててあげるから」

と、おじさんは母に優しく言われた。

「よろしくおねがいします」

母は泣きじゃくる初音に後ろ髪を引かれる思いで、山本家をあとにした。

おじさんの家は、日用品はじめ海産物を商う大問屋だった。

お店には、男衆が沢山いて、リヤカーで荷物を運び入れたり、取引先へ運んだり、みんなコマネズミみたいにせわしく働いていた。

初音があっけにとられて見ていると、女将さんのどなり声が飛んできた。

「何　ぼんやりしているの？　さっさと掃除をしなさい」

着いてそうそう怒られた。

今まで、母さんは、どんなに忙しくても初音に掃除や洗濯などさせたことはなかったので初音は、どうしていいか分からなかった。

女中さん達も自分の仕事が忙しいのかかまってくれる人は誰もいなかった。

初音にかまってくれる人は誰もいなかった。


しかし、そのうち初音は、見よう見まねで少しずつ仕事を覚えていった。

まずやることは、朝早く起きて、ご飯を炊く事だった。大きな鍋に仕込まれたご飯炊きが、これまた一仕事。かまどに薪をくべて火を起こし、沸騰してクックツ言い出したら火を弱めて炊きあげる。少し時間が過ぎるとお焦げになる。そんな時、やかましく言うのは女将さんだけでなく一人娘の元さんだった。

「穀潰しのくせに、養って貰っているのだからまともにご飯くらい炊きなさい」

初音より二つ年上なのに、いつもお嬢さん、お嬢さんと言われて、女中さんも男衆もかしづいていた。

おなかをすかせた男衆にご飯をよそおって最後に食べる初音には、お鍋の底にほんの少しのご飯しか残っていなかった。

誰一人なぐさめてくれる人もいない大所帯の中で初音は、倉庫の中で人に見られないように泣いた。

「お金があったら、汽車に乗って帰りたい。歩いてでも熊本へ帰ろう」

と何度思ったことか。でも帰ったら母さんが困るだろう。つゆにも会いたいが、もう少し我慢しよう」と、しもやけでは れ上がり、ひび割れた手をこすり合わせながら初音は耐えた。

ある日のこと、元さんは、

「私のお金が無い。きっと初音が盗ったんだわ。あの子は貧乏人の子だから」

女将さんまでも、

「盗ったのなら盗ったと正直に言いなさい」

と、犯人扱いにされた。

初音は、どんなに貧乏でも、人様のお金など盗んだ事もないし盗もうなんて思ったこともなかった。貧乏が故に疑われるのは辛かった。

後で元さんは自分がなおしこんでいた事が分かったけど、「ごめん」の一言もなかった。

おじさんは、学校だけはちゃんとやってやると言われていたのに、忙しいと女将さんは、

「今日は店が忙しいから、手伝って」

と言われて学校を休むことも多かった。

こうして、二年ほど過ぎた。

男衆の中には、小さくて、けなげに働く初音に優しい声をかけてくれる者もいた。

しかし、お嬢さんの元さんは、何かにつけて、意地悪だった。

自分の機嫌が悪いと、初音にあたりちらした。

人形にさわったとか、消しゴムをとったとか、わざと着物を汚して、初音のせいにした事もあった。

「穀潰しの貧乏人は、熊本へ帰れ」

と罵られることはいつもの事だった。

いろいろ辛い事が続いたある日、初音は母さんに手紙を書いた。

「かあさん、おげんきですか？ つゆは、おりこうにしていますか？ はつねは、かあさんにあいたくて、あいたくて、くまもとのほうをむいて泣いております。もし、よかったら、むかえにきてください。むりだったら、おかねのすこしでもいいですから おくってくだされ。お金がなかったら、おこめの一升でもいいですのでおくってくだされ。おねがいします。つゆにも会いたい。かえりたいよ。かあさん」

母さんは、たどたどしい字で書いた初音の手紙を見て、びっくりした。

まさか初音がそんな辛い思いをしているなんて！ おじさんが、ちゃんと面倒を見るとの言葉を信じて預けたのに、送ってきた手紙をみた母さんは、矢もたてもたまらず徳山へ向かった。

　痩せ細って、泣き出しそうな初音の顔を見た母さんは、留守中のおじさんにも、会わないまま女将さんと元さんにお礼を言うと、逃げるように初音を連れて熊本へ向かった。

　初音は、よほど疲れていたのか帰りの汽車の中も船の中でも死んだように眠っていた。

　帰り着いた初音は、泣きじゃくりながら、つゆを離そうとはしなかった。

　それからというもの二人は、縫い物で忙しい母さんの邪魔にならないように、いつも一緒に買い物に出かけたり、掃除の手伝いもした。

　唯一の楽しみの夏祭りには、いつも二人は一緒だった。

　初音姉さんに久しぶりに会えたうれしさにしばらくは、つゆは、べったりくっついて、離れようとしなかった。

　初音は家へ帰れた喜びと安心からか、ご飯も食べずに眠り続ける事が多かった。

　そんな初音を見て母さんは、

「ずいぶん辛い思いをさせてしまったのね。もうこんな思いは決してさせてはならない。どんなに貧しくて苦しくても、自分の手で子供達は育てなくては」

　と心に決めた。

それからというもの、母さんはいつも自分に言い聞かせるように、今まで以上に縫い物に頑張っていた。

しかし、親子三人のささやかな幸せな日々も長くは続かなかった。

ある日、母さんが、熱発して倒れた。

心労と忙しさが続いたせいかもしれなかったが、微熱が続いて咳も止まらなかった。

お医者さんからは、

「どうも結核らしい。子供達にうつすといけないから、しばらくよそに預けた方がよい」と、残酷な言い渡しがあった。

二度と子供達は、手放しはしないと、誓っていたのに！　夫を結核で亡くして、その怖さを知っているだけに、母さんは、またも身を切るような決断をせざるをえなかった。

苦渋の考えの末、母は、つゆを、疎遠だった自分の実家へ預けることにした。

親子水入らずで、やっと暮らせるようになったばかりだったのに、束の間の幸せを神様は無残にも奪い取ってしまったのだった。

それから、つゆにも、悪夢のような日々が始まった。

預けられた先は、田舎町の紡績工場だった。

おじいさんは、いつもニコニコして優しかったが、後添えのおばさんは結構、厳しくて癇癪《かんしゃく》持ちだった。

一人息子の我が子は、目に入れても痛くないほど可愛がっていたのに、つゆには、ひどいおばさんだった。

いつも、ごちそうは我が子から、そしておじいさん、つゆはいつも残りものばかり。それでもつゆは、ご飯が食べられるだけでも幸せだと自分に言い聞かせていた。

つゆ、七歳にして、苦労の始まりだった。

朝早くから、食事の準備、少しでも寝坊すると、皿やら、お椀が飛んできた。

「お前は厄介者だから少しは家の仕事をしなさい。ただ飯を食わせるものなんか世の中にはいないのだから」と怖い顔で、どなられた。

ある朝のこと、つゆは、いつもより少しばかり朝寝坊をしてしまった。

家の前を流れる井手で鍋を洗っていたおばさんは、

「いつまで寝ているんだ。もうすっかり、おてんとさまが上がっているではないか！　この穀潰し」という怒鳴り声と共に鍋蓋がとんできた。蓋はつゆの小鼻に命中、ドクドク流れ出る鼻血を見ておじ

いさんが走ってきた。腰につけていたタオルで鼻をおさえて、

「こんな小さな子供に、なんでそんなひどいことをするんだ！　かわいそうじゃないか」

「ああたが厄介者を預かるから、イライラするのは当たり前でしょう。早く返してしまえば」

「よく、そんな冷たいことが言えるね。困っている時くらい手をさしのべてやるのが、親戚のつとめではないか」

「私はね、あんたが、奥さんを病気で亡くしたから同情してお嫁さんになってあげたのだから、つべこべいわんで！　ああ腹んたつ」

本当に怖くてひどいおばさんだったが、帰る家もないつゆは、五年くらいおじいさんの家で厄介になった。毎日が針のむしろに座らされるような日々だった。

悲しくて泣きたい日々、苦労続きの毎日だったが優しいおじいさんに慰められ、かわいがられて、どうにか素直に育った。

そんな間に、母は病気が治って、近所の人のすすめで、再婚していた。

つゆだけでも、再婚先に連れて行きたかったが、相手先の人との間に、すでに男の子と女の子が出来ていた。

どうしたものかと案じていた母のとこ

ろに、徳山のおじさんから手紙がきた。

「初音の時は面倒が見られなくて、辛い思いをさせてしまって申し訳なかった。今は家内も元もなくなった。出来たら、つゆをこちらに預けてくれないか？　今度こそ立派に育ててあげるから」

母は、山本家の家庭事情も変わって来たことだし、今度は、つゆには不自由させることはないだろう。後入り先の、この家に来ても、また辛い思いをさせる事になるだろうと思った母は、つゆを思い切って徳山のおじさんの家に預けることにした。

「こちらで和裁の学校にやってやるから、今度こそ、責任もって育ててやるから、安心して、預けてくれ」との連絡があった。

こうして、つゆは、一人で汽車に乗って徳山に向かった。

何しろ、汽車に乗るのも初めてのこと、乗ってすぐから酔って、母が作ってくれたおにぎりを見ただけでむかついた。

関門海峡の船の中では、ますます気分が悪くなった。汽車酔いの上に、船の揺れもひどくて、吐き気が強くてどうしようもなくきつかった。見知らぬおばさんの優しい介抱がなかったら、つゆは死んでいたのではないかと思ったくらいひどい船酔いだった。人の親切がうれしくて、つゆの目から涙がこぼれた。

母から聞いていた駅に降りたら、おじさんが迎えにきてくれていた。

初めて見るおじさんは、小柄で優しそうだった。

「つゆ、よくきてくれた。これから、こちらで、のんびり暮らしてくれ」

初音姉さんの事で、心を痛めていたおじさんは、つゆには優し過ぎるくらい親切にしてくれた。

間もなく、つゆは家から一キロくらい離れた和裁学校へ通うようになった。

そんなある日のこと、つゆのところへ、親戚のおじさんが尋ねてきた。

初めて会うおじさんは涙を流して、

「一郎の次女だね。お前の姉さんの時は誰も知らせてくれなかったから会えなかったが、お前さんと会えて本当によかった」

と初対面の人は優しく声をかけてくれた。

「おじさんの家はすぐ近くだから家に来て、お父さんの事を話してれないか」

見知らぬおじさんで、不安はあったが、つゆは　おじさんに促されて、ついて行った。

おじさんの家は大きくて広い庭にたく

さんの木々や花であふれていた。

伯父さんは忠則と言って父のいとこだということだった。

「お父さんはいつ、何の病気で亡くなったのか分かるかなあ」

「亡くなったのは私の二歳の時だと聞いていますが顔も覚えていません」

「そうか、そうか。かわいそうに。おとうさんを早くなくして、いろいろ苦労したんだね。もしも、お前さんのおじいさんが、病気で死ななかったら、あんたのお父さんも家を出なくてよかったのに！いろいろあって出て行ったらしいが、かわいそうだった。ほんとうならあんたはあそこのお嬢さんだったのに、運命が狂ってしまったんだね。とにかく、体だけは大事にして、遠慮することなく厄介になっていいからね」

つゆは、父の生い立ちも、全然聞いていなかったので、おじさんから聞いたことで、父の事が、ほんの少し分ったような気がした。

それから時々、和裁学校の帰りに忠則おじさんの家に寄って帰るようになった。

おじさんの話を聞くうちに、つゆのおじいさんが、問屋を切り盛りしていたが、病気で亡くなった。おばあさんも後を追うようにして亡くなった。その後は弟夫婦が店の後を継いでいたのだが、嫁さんが意地悪であんたのお父さんは家に居づらくなって、やむにやまれず家出をしたらしい。

父は見ず知らずの熊本までやってきて、同じ境遇の者同士、引かれる糸のようなもので結ばれたのではないか？

母も町の紡績工場の一人娘だったが、継母にいじめられて、親戚のおばさんの木賃宿で手伝いをしているとき泊まっていた父と知りあったのか、徳山から僅かばかりのお金を持ってやってきた父は、安い木賃宿のおばさんの宿で知り合った母と結ばれたのだろうか？　今まで父の事を聞いたことのなかったつゆは、父と母との不思議な出会いを思った。

忠則おじさんの家は、おばさんも優しく居心地がよくていつ行っても我が家のような安らぎの場だった。

そのうち、どこから漏れたのか、山本のおじさんは、

「つゆ、忠則おじさんところへは行かないように」と釘を刺された。

後で思ったことだがいろいろ聞かれたくない事情があったのかもしれない。

山本のおじさんは一通りの和裁の技術が身についたつゆを熊本へ送り届けてくれた。

一方、初音は、つゆが帰って来る少し前に、大分の商売をする店の婿養子さんに嫁に行っていた。

嫁入り先の初音姉さんから、つゆのもとへ時々手紙がきた。

「つゆちゃん、初音は今、とっても幸せです。光夫さんも優しいし、商売も順調にいっています。今は、こんなに幸せでよいのかと思うくらいです。つゆちゃんと一緒に暮らせることをずっと思っていましたが、かあさんには迷惑をかけられないので、あなたに相談することもなく、少し早過ぎたのですが結婚する事に決めました。お互いに体に気をつけて頑張りましょうね」

幸せそうな初音姉さんの手紙を見て、つゆは、ほっとした。

初音は徳山から帰ってきて以来、木賃宿をやっているおばさんの手伝いをしていたが、おばさんの世話で、大分へお嫁に行っていた。

長いこと会っていない初音姉さんに会える喜びで帰ってきたのに、いつも歯車が合わずすれ違いの姉妹だった。

それから二年ほどして初音姉さんから妊娠したとの便りがきた。

つゆは自分のことのように嬉しかった。

「こちらに帰ってお産をしたら！　私が

手伝うから」と手紙を書いた。

ところが、嫁入り先の義母から、「折角の初孫だから、自分がちゃんと面倒見るから心配いらない」と連絡があった。

母は、小さな子がいるので、世話は出来ないので嫁ぎ先に任せることにしたということだった。

それから間もなく「無事に女の子が生まれた」との連絡があった。

「つゆちゃん、赤ちゃんは、光夫さんに似て鼻が高くて目もぱっちりのかわいい子です。いつか連れて帰るから待っててね」


初音姉さんの幸せそうな顔が目に浮かんだ。

そんな喜びも束の間、初音姉さんは、乳飲み子を残して憔悴した様子で、母の元へ帰ってきた。

驚いた事に、初音姉さんは、結核にかかってしまったとの事だった。

家族の者にうつしたら、大変だと言うことで帰されたのだった。

かあさんは、つゆにも会わせてくれなかった。

治療するにも特効薬はなく、自宅で静養する以外に手の施しようもない時代だった。

空気のよいところで療養するにも、金もなかった。初音姉さんは、乳房が張る度に、残してきた赤ちゃんの事が思い出され、泣く泣くお乳を絞り捨てていたということだった。

そんな時、母さんは恩義のあるところの娘さんが、お乳が出なくて困っていたので、初音に「捨てるくらいならお乳を飲ませてやってくれ」と頼んだ。

初音姉さんは、

「病気が病気だし、もし感染させることになったら大変な事になるから」と断った。

結核に対する本当の怖さを知らない訳ではなかったが母さんは、

「恩義ある方だから親の言うことを聞いてくれないか。どうせ捨てるのだったら分けてあげてもいいでしょう」

「母さん、ごめんなさい。許して」という初音に、母さんは、虫の居所が悪かったのか、そばにあった鉄の手鏡を初音に向かって投げた。

眉間に命中した鏡で吹き出す血をおさえながら、初音は、つくづく身の不幸を思った。

その後、おいてきた赤ちゃんは「疫痢にかかって死んだ」と光夫さんから手紙がきた。

生きがいをなくした初音姉さんは、食事も喉を通らない日々が続き、痩せ細って、亡くなったそうだ。

つゆは、隔離された初音姉さんと会うこともなく辛い別れとなってしまった。あまりにも不運で薄命すぎた初音姉さんの一生だった。

一方、つゆは徳山から帰って以来、おばさんの手伝いをやりながら、問屋の着物を縫っていた。

ある時、おばさんの宿に背の高いハンサムな青年がやってきた。仕事が決まるまで泊まらせてくれとの事で、これまた訳ありの人に見えた。

無口なその人は養子先のお寺さんから、逃げてきたと言うことをぼちぼち話し始めた。

仏教の学校で、こちらにいたことがあって、熊本は気に入っていたので、こちらで測量の仕事を探すと言うことだった。

彼の家は代々続く医者の家。何代か前は由緒ある藩の御典医だったとか、ほかの兄弟はみんな歯医者になっていたが、二男の彼が親戚のお寺の養子にやられたということだった。お坊さんがいやで、養子先を飛び出してきたとのことだった。どうしてもはだに合わないお坊さんの仕事が、よほど、いやだったのだろうか？

ハンチング帽子をかぶりステッキを持った彼はスマートで、かっこいい好青年だった。

以前、テニスの選手で、背も高いしスポーツも万能だった。

つゆと彼はいつしか惹かれ合うようになっていった。

おばさんの仲立ちで二人は結婚することになった。

まだ仕事が見つからない彼に代わって、つゆが和裁の内職で新婚生活を始めた。

ちょうどその頃、おばさんの宿の隣に、たばこと燃料屋をやっていた人が店を閉める事になって、二人はそこを買い取って、店を始めた。

夫は商売向きでなかったので、つゆは苦労した。

しかし、つゆは家族が増えたことが嬉しくて、そばにいてくれるだけで心が安らいだ。

子どもの頃、預けられ辛く悲しい思いをするなど苦労には、慣れているので、つゆは仕事の苦労は何とも思わなかった。

いつも心を痛め思うことは、幸せ薄かった初音姉さんのこと。だから彼が、そばにいてくれるだけで、つゆは幸せだった。小さな喜びさえ最高の幸せに思えるつゆだった。小さい体だったが、つゆは男の子三人、女の子一人の母親になった。

それから間もなく、第二次世界大戦が始まった。

塩も砂糖も燃料も統制になってきた。だんだん、戦争が激しくなってきたが、店は結構忙しくなり、繁盛した。

しかし、日々警戒警報も多くなって店を閉めざるを得なくなった。

近所に防空壕を掘って、空襲警報の度に、近所の人と、その穴に飛び込んでいたが、ここも危ないということで、つゆは母の義理の弟（あの意地悪おばさんの子）のところに疎開することにした。あまりいい思い出のない人だったが、やむを得ない選択肢だった。

おじさんは熊本城の仕事をしていたことで、細川家の土地を譲り受けていた。古い家だったが、周りは竹林に囲まれていて、身を隠すには安全な場所だった。

夏の暑い時期の引っ越しは大変で、子供達とリヤカーで、何度も荷物を運んだ。

しかし無理がたたったのか、つゆは熱発して寝込んでしまった。

戦争は、激しくなるばかりで、命の危険さえ感じた。

やがて毎日、B29が市内の空を飛び始

めた。

ある日、一機のB29が立田山に低空で飛んで来た。

蝉とりをしていた次男に向かって銃を向けて撃ってきた。ガムをかみながらニヤニヤしている米兵の顔がすぐそこに見えた。「竹やぶに逃げ込んでやっと助かった。死ぬかと思った」と息せき切って逃げ帰ってきた次男の顔は真っ青だった。

七月一日から七月二日にかけての熊本大空襲で、もと住んでいたつゆの家も焼けてしまった
木賃宿をしていたおばさんは逃げ遅れて、亡くなった。

一番お世話になったおばさんだったのに「なぜ一緒に避難させなかったのか」とつゆは、悔やまれてならなかった。

焼け跡に呆然と立ち尽くす子供達、爆弾の破片でやられて片手がぶら下がって、病院を訪ねる人、着物に火がついて川に飛び込む人と、町中は、まさに地獄だった。

危険一杯の日々だったが、つゆの一家は、けがもなく生き延びた。

町中の二十パーセントが焼失、焼け野が原になった。

八月六日には広島に原爆が落ちた。三

ケ日後には長崎に原爆が落とされ、日本は修羅場となった。

「何でこんな残酷な戦争になってしまったのだろう。絶対に、日本は勝つと信じていたのに……」

神風が吹いて、日本は勝つと信じて、女子、子供までも頑張ってきたのに、あまりにも大きな代償だった。

天皇陛下の玉音放送で、すべてが、終わった事を知った。

幸い母たちもみんな元気だった。

母の再婚先の義弟も戦地に行っていたが、終戦の半年後に帰ってきた。

命があるだけで、もうけ者だと思っていたつゆだったが、戦後物資不足の時代に、成長盛りの子供達を育てていくのは大変だった。

なけなしの着物を農家の人と物々交換して、お米や野菜にかえた。

長男は、ひよこを買ってきて養って卵を産ませた。時には育てた鶏を潰してタンパク源にした。

首を切断された鶏が何メートルも、ダダーッと走るのを見た次男は、それ以来、鶏肉を食べられなくなった。

末っ子の娘は赤痢にかかって、下痢が続き医者から助からないと言われた。つゆは野草等効くと言われるあらゆるものを探してきては煎じて飲ませた。漢方薬を、あちこち探し回っては飲ませて、やっと命をとりとめた。

　そんな時も、夫は、のんびり屋さんで、家の事は、つゆにまかせっきりだった。

　しかし、夫が、統制時代に燃料組合の役職をしていたお陰で、退職金を頂いた。それで、築八十年以上の焼け残った古家付きの土地を買った。

　つゆの母は、相変わらず、呉服屋の着物を縫って生活の足しにしていた。再婚先で生まれた義妹も、二十歳になっていた。

　義妹の静子は、奄美大島からきていた一回り違う年長の人と結ばれた。

　その人は寺の跡取りがいやで、姉さんを頼って熊本にきており、義妹の静子と結婚し、一家を構えた。

　子育てで忙し過ぎたつゆは義妹の結婚式にも出られなかった。

　義弟は親の商売の仕事を手伝いながら設計の勉強をするようになっていた。

　ある日のこと義父から、つゆに母親が亡くなったとの連絡があった。死因は皮肉にも和裁の内職の針が全身を巡ったことで命を落したとのことだった。

　わが家の生活に追われて何の親孝行も出来なかったつゆは後悔の念にさいなま

された。再婚されたとはいえ、いつも気にかけてくれた母だった。初音とつゆのことは、決して忘れることはないわが子達だったはずだ。

独り身で生きていく事の大変さを知りすぎるほど知っていた母が選んだ苦渋の選択の再婚だった。しかし、つゆ達の運命は大きく翻弄されてきた。

つゆには、いろいろ苦労はつきまとったが、幸い大きな病気もせず、生き延びて来られたのは、奇跡ともいえる運がついていたのかもしれなかった。

戦後の物資不足の中で生きていくのは、みんな大変だった。不満など言えない戦後をつゆは、これからは母に代わって義弟や義妹の面倒も見てやろう。それが母へのせめてもの恩返しではないかと思うようになった。

奄美大島出身の夫と借家住まいだった義妹の静子は、ある日熱発した。咳は続くし微熱も続いた。男の子が生まれて半年後の事だった。

またしても、結核という不治の病にかかってしまったのである。

男の子は、父親の姉のところで預かってくれるということで、義妹の静子は家で療養をすることになった。

静子の夫は、咳き上げる静子が疎まし

くなって、女遊びに明け暮れるようになった。金がなくなるとタンスから母が嫁入り道具に持たせてくれた着物類を、質屋に持って行くようになった。

静子は、最初は、

「それだけは、母さんが持たせてくれた着物だから堪忍して」と取りすがっていたが、自分が病気のせいで夫にも迷惑かけてしまった負い目もあって、後では自分から、

「何でもよいから、みんな持って行って下さい。でも一つだけお願いがあります。私が死んだら、息子だけは立派に育てて下さいね」

と最後の願いを託して静子は二十五歳の若さで一生を終えた。

ここでもまた、人の運命の儚さを思い知らされたつゆであった。

義妹の夫は、静子が亡くなった数カ月後には、後入りさんを貰って生活し始めていた。

その後、姉さんに預けていた息子を引取ったものの、後入りさんに、子どもが出来て静子の夫は、嫁さんへ遠慮もあって小学生になったばかりの子を、住み込みで床屋さんに預けた。養って貰う代わりに子どもは店の手伝いをさせられるようになった。

学校だけは、出してもらったが、丁稚奉公は辛そうだった。

幸いつゆの家の近所だったので、つらい時、甥は、つゆを頼ってきた。

義妹、静子の忘れ形見の息子をつゆは不憫に思って、自分の子供のように可愛がった。

早死にした義妹へのせめての気持ちだった。頼ってくれば、自ずと愛情がわいた。不憫な生い立ちに同情せずにはいられなかったが、自分の子供達を養うだけで、精一杯だったつゆは、どうしようもなかった。

甥は、中学を卒業すると、叔父を頼って、大阪に行った。

静子の義弟に当たる伯父は、設計屋をやっていたが甥を知り合いの紳士服仕立て専門の店に世話してくれた。

住み込みで紳士服の仕立ての技術を身につけた甥は結構腕が上がって、紳士服の仕立てで食べていけるようになった。

叔父も薄幸な甥を哀れに思って何かと世話をしてくれていた。

そんな甥も悩みがある時は、つゆのところに相談によく来ていた。

結婚する時も新婦さんをつれてきて母のようなつゆに紹介した。

こうしていろいろなことなど何かと

頼ってきてくれる事はつゆにとっては、むしろ嬉しいことだった。

そんなある時、夫の姉が四人の子供を連れて、夫を頼ってやって来た。酒飲みで酒乱の夫の暴力に耐えかねて逃げ出して来たのだった。

つゆの家は、夫の姉親子四人を受け入れるのには狭すぎた。夫は近くの古い家を借りてやった。

風呂もない古家だったので、親子四人は、毎日風呂入りにやって来るようになった。

つゆは家族六人の世帯だったが、またも重荷をかかえてしまう事になった。


鉄の五右衛門風呂は、お湯もあまり入らず冷めやすい。寒風吹きすさぶ外で、ぬるくならないように、薪をくべるのも、つゆの仕事で何かと大変だった。

みんなが風呂を終える頃には、午前様を過ぎてしまうことも屡々だった。

その上、暇を持て余していた義姉は遅くまで子供時代の思い出話を夫と延々と語っていた。


昭和二十八年六月二十六日、豪雨で白川が氾濫した。坪井川と白川に挟まれているつゆの家にも、瞬く間に水が入りこんできた。水は床上まで、そして間もなく畳が、ぷかぷか浮きあがり、みんなは高机にのった。長男が天井を破って天井裏で水の引くのを待った。こんなにも不安で、水が引くのを長く感じた夜はなかった。

水が引いた後がこれまた大変だった。火山灰を押し流してきた泥水は、いろんなものがごっちゃまぜで悪臭がひどかった。女、子供まで排土作業に追われた。かなり下流で死体が見つかったりもした。夥しい死体が白川公園に、並べられた。死者、行方不明者、四二二名だった。

水害も一段落して、つゆの息子達もそれぞれ好きな仕事に就いて、嫁さんを迎えた。

少し余裕が出たつゆの望みは、幸せ薄かった初音姉さんや苦労続きだった父母の墓を作って供養することだった。

子育て中は、墓を建てる余裕もなかったし、国民年金くらいでは、お墓を立てることは到底無理だった。

ところが、長いこと疎遠になっていた徳山のおじさんから一五〇万円のお金が送ってきた。手紙によると繁盛していた問屋だったが、経営が上手くいかず赤字が膨らんで店を閉めることにした。自転車屋とラーメン屋に貸していた土地も売ることになった。

「立ち退き料がかなり高額になってしまって、つゆにあげる分が僅かばかりになってしまって申し訳ない。少ないけどこれで我慢してくれ」との手紙が入っていた。

　つゆにとっては、全く思いがけないお金だった。

　つゆはおじさんに早速手紙を書いた。

　つゆは大切なお金を、苦労続きだった母や姉初音、幼子を残して亡くなった義妹の供養のためのお墓作りに使わせて欲しい、と頼んだ。

　早速業者に頼み、思ったより立派なお墓が出来上がった。つゆは長年の願いであっただけにこれで、やっと自分の役目が済んだようで気持ちが軽くなった。

　やがて長男に、嫁が来たが、つゆとは、どうしてもそりが合わなかった。

　何度かの行き違いがあって、長男夫婦は、家を出て世帯をかまえた。

　そんな時、夫は突然、脳内出血で倒れた。半身不随で歩けるようになれるか心配された。

　つゆは最愛の夫のために、ありとあらゆる治療を試みた。

　医者の薬のほかに、旬の野菜や果物を探しては、食べやすいように工夫した。

　寂しい人生を送ってきたつゆは、一番

大切な人を、どうしても失いたくなかった。

つゆの必死の看病のお陰で、夫は見事に病気を克服した。

後遺症もほとんど残ることなく、歩行にも不自由しなくなった。

長男夫婦が出て行った後は、次男が一家の生計を支えてくれた。

夫も、つゆも出来たら自分たちの老後の面倒を次男に見て貰いたいと思っていた。

幸い、嫁いで来た嫁は、優しくて、みんなを大事にしてくれた。

次男は夫の跡継ぎの燃料の卸屋で、店を別に構えて夕方に帰宅。三男達は、昼間は嫁の実家を借りて時計屋をやっていたが、夕方には帰宅。娘は、デパートの経理をやっていた。

昼間は次男の嫁と孫の四人だったが、夕方になると、みんなほとんど、同時に帰って来るのでつゆと嫁は夕食の準備で多忙をきわめた。

それから間もなく、次男、三男達の嫁たちのつわりがひどくなった。

思いあまったつゆは、三男に、家別れするように勧めた。

幸い、長男の家の近くに、売り家があって、三男達は、そこを買って、世帯をかまえた。やがてそれぞれに二番目の女の子が生まれた。

孫達みんなは女の子ばかり。それぞれに、生活は楽ではなかったが、つゆの子供時代に比べたら、幸せとしか言えないくらいだった。

やれやれ一安心と思う間もなく、今度は、娘が職場にアルバイトに来ていた大学生と結婚したいと言い出した。

すでに就職が決まっていた相手だったが、来年の卒業と同時に結婚式を挙げたいので結納の儀を行いたいとの希望だった。

仕方なく、相手のいとこである医者の仲立ちで結納の儀式を行った。

つゆは娘のため留袖を縫ったり、付下げや喪服など、持たせてあげる着物類を縫いはじめた。

結婚のための準備も着々と進んでいた頃、突然、娘は姿を隠した。

一人娘で、何不自由なく育てた娘がいなくなって、つゆの心配は頂点に達し、我が家は大騒動になった。

そんな時、嫁に速達が来た。

封筒の宛名の字体も変えて親に悟られないように！

「私達二人は、長崎の教会で、自分たちだけの結婚式をあげました。彼は職場の修さんです。両親には、心配かけたくないので、絶対に言わないで」という内容だった。

あまりにも心配するつゆを見て、一人では隠しきれないと思った嫁は、夫に打ち明けて結局つゆに手紙をみせた。

やがて、長男と三男は、手紙の消印を見て長崎まで探しに出かけた。

つれもどされた娘達をはじめ、我が家はハチの巣をつついたように混乱を極めた。

しばらく落ち着くまで、三男達が、二人を預かった。

こうなったからには、二人の結婚を認めざるを得なかった。

まずは、先に決まっていた結納先に断りの手紙を送って丁寧にわびた。

こうして修の親に、埼玉から来て頂き、家族だけのささやかな結婚式を挙げた。

二人は新たに世帯をかまえた。

娘夫婦には、やがて男の子が生まれ、つゆも夫も初めての男の子の誕生で、可愛くてたまらなかった。

みんなが元気で、それぞれの家庭を作り上げて行くのが、つゆにとってこれ以上の幸せはなかった。

それから月に一度、みんなが集まるようになった。息子達が、天草まで行って、新鮮な魚を買ってきて料理をして、ごちそうを食べるのが恒例の家庭行事となった。

また、年末の餅つきにも、みんな集まった。

和気藹々《わきあいあい》で、みんな仲良くするのはよかったが、実家の嫁とつゆにはかなりの負担になった。

やがて、娘は夫の転勤先の埼玉に移り住んだ。

嫁は、福祉事業団に就職した。

つゆにとって、しばらく平穏な日々が続いた。

それから、しばらくして、夫は七十九歳の生涯を終えた。

つゆは、もっともっと長生きして貰いたかった。もっと、もっと尽くしてやればよかったとの悔いは残ったが、やるべき事をやったと言う気持ちはあった。

あの木賃宿のおばさんの家で、訳ありの者同士が結ばれて、約五十年、共に支え合って、生きてきた。

不平不満がないと言えば嘘になるが、小さな喜びも幸せに思える生い立ちが、つゆを不満とも思わない生き方にしてくれていた。

それから、しばらくの間、息子の手伝

いをしながら、働く嫁に代わって、孫の学校の行事や授業参観にも行くようになった。

その頃が、つゆにとって一番、幸せの時期だった。

それから築百年ほど経っていた古い家を、次男夫婦が建て替えた。

これで一安心と思っていた時、バブル到来で、周りの土地がびっくりするほど高値で売買され出した。

嫁が、むち打ち症で入院していたある日、次男は、お客さんの車を入れ替え中、心臓発作を起こして救急車で搬送。医者の必死の治療の甲斐もなく、五十七歳の若さで、この世を去った。

つゆは、夫の時よりも、辛く哀しかった。

「商売下手な夫に代わって、兄弟の面倒も見て、親の世話もしてくれた息子が、こんなに早く、自分より先に逝ってしまうなんて！」

「お前には本当に無理をさせてしまった。面倒ばかりかけてしまって」と悔いばかりが残った。

それ以来、つゆは生きがいをなくし、体調を壊して、入退院をくりかえすようになった。

しかし、嫁や孫達の心から尽くしてくれる優しさで、病状は好転して、次男の長女の結婚式には、亡き息子の代わりに、北海道まで出かけた。そこで、つゆは、北海道の壮大さと、景色の素晴らしさに目を見張った。

札幌雪まつりも、支笏湖の氷瀑祭りにも、連れて行ってもらい、つゆは、生きていて良かったと、つくづく思った。

小さい体で、背負いきれないくらいの苦難を、物ともせずに頑張ってきたつゆだったが、体の衰えは、年と共に増して入院先で意識が混濁した。

薄れ行く意識の中で、つゆは、姉妹や家族が若くして亡くなった中で、八十五歳まで生きて来れた幸せを噛みしめて、静かに目を閉じた。

あとがき

2022（令和4）年7月に、熊本日日新聞社の髙本文明氏（元文化生活部長）から、「わたしを語る」を、書いてみないかとの相談がありました。まさか私ごときが、人に話すような人生でもないのに…、という思いが先にたって迷いに迷いました。しかし、今まで生かされてきた人生の終活の機会になるのではないかとの思いで承諾しました。顧みますと片田舎に生まれ、戦中戦後の食糧難時代にみんな苦労して生きて来ました。しかしそれ以上に自然の中で、のびのび育ち、その後出会えた沢山の人々との交流の中でいろいろ学び、お世話になりながら、今日まで生かされてきたことが私の一番の財産であり、喜びでもあります。苦労話は誰にも負けない位いろいろありましたが、生きる上での大きな糧になったと思います。

「私を語る」が紙上に連載されると「新聞見たよ。昔を思い出し懐かしい。共感するよ。ぜひ出版して」等、沢山の電話がかかって来ました。そこで、一念奮発して書き残すこと、書きためていた創作童話を加えて私にとっては二冊目の本を出版することにいたしました。現代社会は、物にあふれ何不自由ない生活が出来るようになりましたが、半面、心の貧困が問われるようになりました。また今、最も懸念されるのは、子どもたち同士のコミュニケーションがとれないこと。ゲーム機器・タブレット・パソコン・スマホ等、現代社会ではなくてはならないものですが、半面、言葉の貧しさも取り沙汰されるようになって参りました。言葉ひとつで、傷つく子、上手く言葉が出ないで先に手が出る子どもたちも増えております。今、思うことは、対話でコミュニケーションをとれば仲違いとか喧嘩も少なくなるのではないかと思います。

今、ロシアとウクライナの戦争が続いております。あの悲惨な状況を見るにつけ武器ではなく対話で戦争が一日も早く終結する事を願うばかりです。文明が進むと共に危険度もまして日本も安閑としてはいられません。この先、未来永劫に平和な世界が存続します事を願うばかりです。私は熊日童話会に入って、いかに言葉が大事かという事を改めて学びました。だから、未来を担う子どもたちのために、対話でのコミュニケーションがとれる子ども達が育ってくれますように、ささやかな活動を続けております。AIとかドローンとか私達高齢者はもうついて行けない現実になりましたが、残り少ない人生ですが、子どもたちへ童話を通して、お話を届けています。

また、老健施設への訪問でハーモニカやマジックを披露して皆様に喜ばれています。そのような場を頂きながら、自分でも楽しめるボランティア活動で、この上ない喜びと生きがいを見つけ、生涯現役の気持で活動を続けて行きたいと思っています。

この度、私の一生の記念となります本の発刊に際しまして、日頃お世話になっております熊本日日新聞社社長の河村邦比児様、元児童文学者協会理事長丘修三様には、身に余る有り難いお言葉を頂きありがとうございました。心から感謝申し上げます。
また、熊本日日新聞連載の「わたしを語る」では、貴重な機会を与えて頂きました元文化生活部長高本文明様にはいろいろなご示唆、ご指導ありがとうございました。出版に際しましては熊日出版の今坂功様はじめ、ご協力頂きました皆様に心からお礼申し上げます。

２０２３年　渥美　多嘉子

著者略歴

渥美　多嘉子（あつみ　たかこ）

昭和12（1937）年1月13日生まれ　山鹿市菊鹿町（旧城北村）阿佐古出身

昭和30年鹿本高校卒業

国立熊本病院附属看護学校入学

卒業後同病院勤務

昭和40年4月より熊本簡易保険診療所に勤務

平成15年に同診療所が閉所するまで39年間勤務（所内診療と巡回診療、災害時救護班として出動）

昭和58年熊日童話会入会　創作教室、口演教室で勉強

事務局長10年以上を経て現在会長職を10年

趣味は旅行をはじめ、温泉巡り、口演童話、創作童話、ハーモニカ、マジックなど。

夢と感動　子どもたちに

2024（令和6）年1月16日　発行

著　者　　渥美多嘉子

発　行　　熊本日日新聞社

制作・発売　熊日出版（熊日サービス開発株式会社）
〒860-0827　熊本市中央区世安1-5-1
電話 096(361)3274　FAX 096(361)3249
https://www.kumanichi-sv.co.jp/books/

装　丁　　臺信美佐子

印　刷　　シモダ印刷株式会社

ISBN978-4-87755-654-9　C0095